KFVR

PATRIK SCHOLLER

Schicksalsbedingte Willensvergewaltigung in unterschiedlichen Gezeiten

Werden Sie jenseits von
Körper, Geist und Seele
so erfolgreich, wie Sie wollen -
mit oder ohne Meditation!

KFVR

Scholler, Patrik:
Schicksalsbedingte Willensvergewaltigung
in unterschiedlichen Gezeiten.
Werden Sie jenseits von Körper, Geist und Seele
so erfolgreich, wie Sie wollen - mit oder ohne Meditation!
Gladbeck: KFVR - Kulturförderverein Ruhrgebiet e.V., 2001

Einbandgestaltung, Satz und Projektmanagement:
buchgestaltung.de
Einband: „Golfstrom" von Winslow Homer

KFVR-Logo: Frank Lucas
Druck: Books on Demand GmbH

ISBN 3-8311-1798-5

Der Engel der Leidenschaft scheint dem
Engel der Gelassenheit zu widersprechen.
Aber wir brauchen viele Engel, um in uns
das Leben zur Blüte zu bringen.

ANSELM GRÜN
50 Engel für das Jahr

Inhaltsverzeichnis

Einleitung: Man kann nicht verlieren

HÄTTEN Sie gedacht, dass es unglaublich viele begnadete Menschen gibt, die in der Summe Berge von Büchern schreiben? Und sie tun das mit besten Absichten, aber ohne Gnade. Sie wissen nur bedingt um die „Wirkung an sich“ und machen alles falsch. Genau wie JESUS. Aber darauf kommen wir noch.

Die mit Gnade zu Bestattenden tun es hauptsächlich deshalb, weil sie uneinholbar viel gelesen und ihren Glauben dennoch nie verloren haben. Und das ist auch gut so. Seinen Glauben sollte man nie verlieren, egal welchen. Sonst ist man nämlich selbst schuld. Finden Sie nicht auch, dass uns jeder dieser beneidenswert freiwilligen und außerordentlich gebildeten Menschen seine Erkenntnisse vermitteln sollte, damit wir nicht in der Unkenntnis, vieles falsch gemacht zu haben, einen unseligen Ignorantentod sterben müssen? Die Meister der Sprache dürfen uns nebenbei auf freundliche Art und Weise zu ihren Jüngern machen, während sie eindrucksvoll aus Unmengen von Literaturquellen zitieren, geschickt Ideen und Formulierungen extrahieren und selbstverliebt vermuten, dass sie daraus etwas Neuartiges geschaffen haben, denn sie wissen ja am besten, was schon so alles gedacht und geschrieben wurde und könnten das Bekannte in ihren eigenen Thesen einfach weglassen. Sie beherrschen insbesondere die gängigen Definitionen von Wortbegriffen, gehen spielerisch mit den Thesen großer Philosophen um und benutzen Begriffe wie „Wahrheit“ und „Sinn“ mal umgangssprachlich, mal so, dass es kein Mensch versteht, und mal so, wie sie Lust haben, aber immer gekonnt. Die Lebensqualität und die Überlebensfähigkeit der Menschheit wird weiterhin gesichert durch ihre individuellen Erkenntnisse, die fein garniert mit einem gehörigen Schippchen neuem Gedankengut galant präsentiert, fast immer nutzbringend verwertet werden. Literaturkritiker äußern gnädig Begeisterung über die „Intellektualität an sich“ und die Fokussierung auf ein hoch aktuelles Thema - und sie bescheinigen den großen Wert der gedanklichen Leistung für das allgemeine Kulturgut. Wir alle danken jenen, die es nicht aufgeben, der Komplexität des Universums die Erklärung für das fein säuberlich sezierte Phänomen eines fundamentalen Zusammenhanges zu entlocken. Gut ist es dann, wenn die Erklärung existiert. Das spornt an.

Einige Autoren sind sogar metagenial. Sie sezieren nicht nur, sondern bedienen sich selbst erfundener Ultimativ-Nenner. Sie liebten bereits in der Schule das „Kürzen“ von Brüchen.

Selbst wenn die zwei Zahlen eines Bruches nackt da standen, mit ehrlicher Herkunft und unverfälschter Geschichte, so wurden sie dennoch mit Freuden gnadenlos reduziert, weil es die Logik erlaubt. Die metagenialen Autoren besitzen die Fähigkeit, komplexen Problemen mit komplexen Lösungen die Komplexität herauszukürzen und einen logisch korrekten Kombipack anzubieten. Wer Lust hat, braucht sogar nie wieder etwas anderes zu lesen und kann sofort beginnen, die Lösungen in die eigene Lebensformel einzusetzen. Wenn man nicht vergisst, die Komplexität virtuell hineinzumultiplizieren, um sie wieder herauskürzen zu können, wird das eigene Leben zum größten Erfolg aller Zeiten. Mir fallen da spontan meine Lieblingsbücher „Sorge Dich nicht - lebe!“ oder „Die Entscheidung liegt bei Dir“ ein, die voll sind von nützlichen Lebenstipps und mir offenbart haben, wie *einfach* Leben ist.

Wer keine Lust auf Kürzen und höhere Mathematik hat, kann Probleme auch einfach durch den Problemwolf drehen und sie danach erst lösen. Pragmatismus ist im Leben ja generell nichts Verkehrtes. Man vergisst das manchmal, wenn einem die Natur einen Streich spielt oder der Geist nicht so will wie die Seele oder noch schlimmer umgekehrt. Man macht immer alles viel komplizierter, als es ist. Der Menschheit und mir haben solche Bücher große Dienste erwiesen. Ob Sie es glauben oder nicht, aber ohne diese beiden Bücher gäbe es dieses hier gar nicht, zumindest nicht genau so, wie es geworden ist. Hätte ich die beiden Bücher nicht gelesen, hätte ich schon früher oder gar nicht damit angefangen, aber ganz sicher in beiden Fällen den Satz über die beiden weggelassen. Ein Gnadenloser könnte alleine ein Buch darüber schreiben, was wohl besser wäre: Ein Buch ohne bzw. mit einem solchen Anfang oder ein Buch mit einem ganz anderen oder mit womöglich überhaupt keinem Anfang. Welches wäre wohl das Beste?

Jedenfalls haben mich diese beiden Bücher besonders begeistert. Mein Leben ist seitdem alles andere als dasselbe. Was soll ich tun? Der Zufall hat sie mir einfach in die Hände gespielt und so geschah es nun. Da ich nach der Lektüre zunächst Sorge hatte, mein Leben einfach kurz entschlossen komplett umzukrempeln, entwickelte mein Gehirn spontan und ohne mein willentliches Zutun eine trans-metageniale Alternativlösung, die ich allerdings hier nicht verraten will. Ich möchte Ihnen nur die Randparameter nennen. Ich denke, das ist schon Hilfestellung genug. Ich habe ja nicht den Anspruch, auch noch Ihr Leben zu meistern. Der erste Parameter, der für „alle Fälle außer manchen" Hauptbestandteil der trans-metagenialen Lösung ist, lautet:

> *Sorge Dich nicht, wenn es mal klemmt, schließe einfach kurz die Augen, und beginne zur Ablenkung irgendetwas zu arbeiten und mache sie dabei wieder auf!*

Die passive Alternative:

Bleib solange mit geschlossenen Augen sitzen, bis die Situation über die Zeit einfach von selbst besser wird!

Das alleine würde reichen, aber es ist nicht der Weisheit letzter Spruch. Die Augen alleine sind nicht der Schlüssel. Die trans-metageniale Lösung kam mir erst nach Berücksichtigung des zweiten Parameters, der für „alle Fälle außer manch anderen" ein mindestens genauso wichtiger Hauptbestandteil der Lösung ist:

Entscheide selbst und frei! Löse Dich von Deinen Zwängen und übernimm Verantwortung für Dein Leben! Dann wird alles gut oder schlecht, aber es wird irgendwie. Und Du hast immer die Wahl, alles wieder zu ändern.

Finden Sie nicht auch beide Parameter an sich schon metagenial, in jedem Fall äußerst stimulativ und bestechend? Und das Beste daran: Es funktioniert wirklich. Beide Parameter, in die Lebensformel eingesetzt, funktionieren. Ich konnte mich nur nicht immer entscheiden, welche Variante ich bevorzuge, Aussitzen, Ablenken oder Entscheiden. Deshalb habe ich die trans-metageniale Lösung erfunden. Es hat ja auch keiner der beiden Autoren von sich behauptet, das gesamte Weltwissen mit Löffeln gefressen zu haben. Es war ein Versuch. Er funktioniert. Man wird sehen, welche Variante die Menschheit retten wird. Eine muss es wohl tun. Oder keine von beiden. Ich selbst weiß allerdings, dass nur die trans-metageniale Lösung die Menschheit wirklich retten kann bzw. retten könnte, wenn ich es wollte. Aber ich weigere mich, sie Ihnen mitzuteilen. Und das strikt. Im Yoga-Kurs habe ich gelernt, mich nicht zu verzetteln. Da ich mal wieder in einer Phase kurz vor einer Entscheidung stehe, könnte es diesmal gut sein, dass ich „Aussitzen" wähle, was sich hin und wieder bestens bewährt hat, wenn ich noch keine Lust hatte, mich zu entscheiden oder die trans-metageniale Lösung zu bemühen.

Aber Sie sehen schon. Man kann nur gewinnen und eigentlich fast nichts falsch machen. Ich kann jetzt leider nicht mehr über die beiden Bücher schreiben, denn dann würde ich ja diesem Buch möglicherweise einen Zweck verleihen, den es ja nun so gar nicht braucht. Ich lasse deshalb beide in ihrer Existenz einfach mal so stehen, wie sie sind, und mache es wie mein Meditationslehrer, der immer sagt: „Betrachte... denke ‚aha'... geh zu Dir zurück, bewerte es nicht, setz es auf eine Wolke und lass die Wolke einfach vorüberziehen".

Man kann das tun. Es hat zwar von außen betrachtet viel von „Aussitzen", aber das täuscht. Insgeheim und heimlich bewertet man ja schon ein bisschen und zwar zwischen den Meditationsschwingungen (das Gehirn lässt sich vom Geist nicht alles verbieten). Das muss man auch nicht an die große Glocke hängen. Zweifellos ist es jedoch die eleganteste aller Varianten und schadet niemandem.

Ganz unabhängig von all dem wollen wir nicht die transmetageniale Lebenslösung vergessen, die universelle Hilfe, die ich Ihnen jetzt vorenthalte. Die meisten von Ihnen werden sie auch gar nicht brauchen. Und auch wenn Sie sie jetzt trotzdem gerne kennen lernen würden, rate ich Ihnen davon ab. Es könnte Ihr Leben irreversibel verändern und Sie müssten sich immer vorhalten lassen, dass ich Sie gerettet hätte und nicht Sie sich selbst. Ihre ganze Selbstachtung ginge den Bach hinunter und mit ihr die Rettung. Ich muss also die Menschheit auf meine Weise retten, und zwar so, dass es keiner merkt und die Zahl der Selbstmorde minimiert wird. Die meisten wollen sich ja viel lieber selbst retten, aber sie sollten lieber die Finger davon lassen. Es wirkt sehr tolpatschig und führt garantiert nicht zum Ziel und oft ins Verderben. Alle werden gerettet und nur ich weiß es. Sie wüssten es jetzt natürlich auch, aber ich vermute, Sie glauben mir noch nicht. Also weiß es in Wirklichkeit nur ich.

Ach Gott, beinahe hätte ich ja schon zuviel verraten. Die Rettung hat natürlich nichts mit diesem Buch zu tun und ich werde sie mit keiner Silbe allumfassend erklären. Sie steckt möglicherweise irgendwo jenseits der letzten Seite, aber suchen Sie sie nicht. Lassen Sie sich einfach überraschen und gehen Sie ganz unbeschwert in eine positive Zukunft.

Kennen Sie auch diese strahlenden Persönlichkeiten, die Bücher schreiben, weil sie so unglaublich viel erlebt haben? Sie haben einfach das Bedürfnis, anderen ihre famosen Erlebnisse mitzuteilen, die solche Erlebnisse nie haben werden, und sie können fabelhaft schreiben und begeistern jeden Kritiker mit ihrem Talent zur Wahl der richtigen Worte im richtigen Satz in einem brillant gespannten Handlungsbogen. Glücklicherweise haben sie kein Bedürfnis mehr nach weiteren Erlebnissen. Das Schreiben selbst hat sie nun ergriffen. Gut für uns.

Dann gibt es viele Menschen, die aus Zwang schreiben. Sie suchen die Anerkennung, das Lob, den Ruhm und den optimalen Kopulationspartner. Dafür nehmen sie Schreibkurse, bezahlen Ghostwriter oder quälen sich tagelang dahin, indem sie nach einem Thema suchen, das ihnen Stoff zum Schreiben gibt, und lesen dann zunächst Unmengen von Literatur zum selbigen, damit ja keiner sagen könnte, sie hätten ein Buch verfasst, das schon tausendfach existiert. - Aua, oder? Sollte man das nicht verbieten? Es verfälscht die Literaturlandschaft und provoziert sowohl grundlose als auch begründete Panik und von der Rettung der Menschheit keine Spur. Stellen Sie sich nur vor, Sie sind erfolgreich und glücklich und lesen solch ein Buch oder schlimmer noch, werden darauf angesprochen, warum Sie selbst kein solches Buch geschrieben haben. Ich möchte nicht wissen, welche Prozesse da in Gang gesetzt werden. Es verunsichert und macht krank. Und wie wir noch sehen werden, ist Heilung nicht immer möglich.

Ich schreibe übrigens aus anderen Gründen. Ehrlich. Es sind auch andere Gründe als die, die ich jetzt nicht aufgezählt habe. Dieses Buch existiert primär virtuell, verbindet alles und nichts, kommt ohne Fortsetzungsband aus und hat zu guter Letzt gar keinen erkennbaren Zweck.

Ich habe außerdem keine Ahnung, ob das Thema meines Buches nicht schon oft verarbeitet wurde und der Titel irgendwie zusammengeklaut aussieht. Ich schwöre natürlich bei allem, was einem heilig sein kann, dass ich ihn in freiwilliger geistiger Belichtung selbst kreiert habe, aber ich muss natürlich zugestehen, dass ich irgendwann einmal die Worte gelernt, irgendwo gelesen und natürlich darüber nachgedacht habe mit einem Gehirn, das andere direkt oder indirekt gefüttert haben. Es existiert also möglicherweise schon irgendwo da draußen alles von dem, was ich hier schreibe, nur vielleicht in anderer Reihenfolge. Umgekehrt muss ich allerdings entlastend behaupten, den menschlichen Erbcode fast einwandfrei auswendig zu kennen. Ich komme nur an vielen Stellen mit der genauen Reihenfolge durcheinander. Die Gensequenz TAAGCTATGA kommt jedenfalls schon einmal vor und Sie können mir glauben, dass ich 1 000 000 weitere Sequenzen auswendig kenne, die ebenfalls vorkommen. Sie sind überrascht? Na ja, irgendetwas kann doch jeder und ich bin in so etwas ziemlich gut. Sie werden jetzt natürlich zu Recht einerseits beeindruckt sein, aber andererseits natürlich die gemeine Frage stellen, wessen genetischen Code ich da gelernt habe, nach dem ja jeder Mensch wohl ein bisschen anders ist.

Die Frage ist clever und sie entlarvt eine gewisse Unschärfe in den Aussagen, die man mal eben so trifft. Selbst die Aussagen dieses Buches sind nicht Unschärfe-frei. Auch wenn sie nicht falsch sind, sind sie ebenso wenig wahr und richtig nutzen tun sie nicht, außer dafür, dass ich in Ihrem Ansehen weit nach oben gestiegen bin. Und das ist immerhin eine erfreuliche Nachricht, nachdem ich zunächst wenig Talent zum Schreiben mitbringe und für stilistische Sachen erhebliches Desinteresse besitze, da ich außer HEMINGWAY, KAFKA und SARTRE keinen Mega-Autor richtig kenne und im Deutschunterricht immer eingeschlafen bin. Meine großen Meister (nicht die Deutschlehrer!) haben alle zweifelsohne einen herausragend guten Schreibstil, aber sie sind so furchtbar unterschiedlich, dass ich nicht entscheiden konnte, von wem ich da nun lernen bzw. von wem ich mich bewusst unterscheiden sollte. Ich beneide die drei schon ein bisschen. Sie haben Bücher geschrieben und hatten Talent zum „Schreiben an sich". Sie wissen vielleicht nicht, was „Schreiben an sich" bedeutet, aber ich finde, es ist von eminenter Bedeutung, es zu können, weil man dann als Leser nicht nur nach dem Inhalt schielen muss, die Sachen hinter den Worten und Sätzen, die erste virtuelle Ebene des „Schreibens an sich". Ich werde nie vergessen, wie lange wir die Nick Adams Stories von HEMINGWAY analysieren mussten, obwohl es alleine schon so schön geschrieben war. Es war einmalig kraftvoll formuliert und hätte eigentlich dafür schon Lob verdient. Es ging mehr oder weniger um Angeln, aber es stand angeblich noch ungeheuer viel zwischen den

Zeilen und jenseits der Worte. HEMINGWAY verstand es, extrem spärlich mit Worten umzugehen, um möglichst viel Platz für Interpretation zu lassen. So können Generationen, Milliarden von Schülern, ein Buch decodieren, das eigentlich schon von der Sprache an sich lebt und weiter nicht wirklich nutzt. Ich habe zumindest dadurch nicht gelernt, wie man angelt. Aber ich ahne jetzt zusätzlich noch Dinge, die HEMINGWAY nicht in Worte fasste, nicht die Dinge zwischen den Zeilen, die wir in der Schule analysieren - nein, ich meine die Dinge jenseits der Worte. Dort existiert ein riesengroßes Universum an Dingen, die man erahnen kann. HEMINGWAY hat sich damit selbst verwirklicht und ist sicher als glücklicher Mann gestorben, zumindest kann man das so interpretieren, wenn man genau hinsieht. Wenn er gewusst hätte, wie heute noch Nick's Angelausflüge fast der gesamten Leserschaft Lust auf Angeln machen, obwohl es heutzutage in jedem Supermarkt Fischstäbchen zu kaufen gibt, wäre er sicher noch glücklicher gestorben. Alles kann gesteigert werden. Das ist ein Naturgesetz. Nun, so etwas Ähnliches trifft auch auf dieses Buch zu, worauf ich schon ein bisschen stolz bin.

Trotz aller Selbstkritik ist dieses Buch nach allen Regeln der Statistik einzigartig und es wird ebenso viel Nutzen bringen wie jedes andere Buch dieser Welt, wenn es schicksalsbedingte Willensvergewaltigung gibt und mindestens genauso wenig Nutzen, wenn es sie nicht gibt. Sie sollten das aber nicht als nihilistisch und negativ bewerten. Das ist es ganz und gar nicht. Im Gegenteil. Und trotz des geheimnisvollen Begriffes „schicksalsbedingte

Willensvergewaltigung" ist es kein philosophisches Buch, dass mehr Verständnis über die Welt verbreiten will. Es schafft für viele möglicherweise mehr Verwirrung. Klarheit oder Verwirrung haben aber keinerlei Einfluss auf die Rettung, um die es schließlich jenseits der letzten Seite geht.

Für die Psychologen wird es leicht. Ich bin sicher, dass sich Schubladen finden lassen, auch wenn sie ganz schön klemmen werden. Aber ich gehe jede Wette ein, dass man dabei ganz schön mogeln muss und rhetorisches Geschick braucht und dass das, was da interpretiert wird, mindestens so interessant ist wie der Inhalt dieses Buches. „Interessant" möchte ich hier allerdings nicht synonym mit „nützlich" verstanden wissen und schon gar nicht mit „relevant" oder womöglich „nötig". Ganz entgegen Ihrer bisherigen Ansicht über den Anfang wird es ganz sicher im folgenden keineswegs nutzlos, irrelevant oder unnötig, zumindest nicht im Vergleich zu allem, was ich bisher gelesen habe, zwar nicht alles, was es gibt, aber mehr als genug. Lesen ist ja nun nicht mein Beruf und schon gar nicht meine Berufung, also sollte man nicht meckern, wenn ich es trotzdem getan habe. Es war ein Optimierungsprozess des Lesens im Leben bzw. des Lebens zwischen dem Lesen. Es hat gereicht, um zu wissen, dass die Schubladen klemmen werden.

An dieser Stelle möchte ich jeden auffordern, einmal über den Titel nachzudenken. Einmal reicht. Mehrmals bringt Sie auch nicht weiter. Ist es nicht interessant herauszubekommen, was dahinter steckt? Jetzt einmal im Ernst: Was könnte jetzt und heute, gerade in diesen turbulenten Zeiten interessanter sein und Ihnen mehr helfen? Ich verspreche Ihnen übrigens hier und jetzt, dass Sie an keiner Stelle dieses Buches verschaukelt werden. Alles ist ernster, als es aussieht. Zwar nicht bluternst, aber ein bisschen schon. Es hat alles nur mit Wahrheit zu tun und kann Sie deshalb nicht täuschen, höchstens einmal verwirren. Die Wahrheit ist nun einmal nicht immer leicht verdaulich. Diesen Anspruch hat sie, glaube ich, nie gehabt.

Sie werden mit diesem Buch, egal, wer Sie sind und was Ihre Beweggründe waren, es aufzuschlagen, mit Erfolg gekrönt. Ich kröne Sie damit, indem ich das geschrieben habe, was nun Inhalt des Buches geworden ist. Sie können nur erfolglos bleiben, wenn Sie nicht bis zu Ende lesen. Auch wenn Sie zwischendurch eine Bewertung durchführen und zu dem Schluss kommen, dass Sie der Inhalt dieses Buches nun wirklich nicht weiterbringt, behaupte ich: Knieschuss! Sie bringen sich damit um Ihren eigenen Erfolg und es wird Sie hundertprozentig nichts anderes ebenso weit bringen.

Bei dieser These will ich es mal belassen und Sie dazu ermuntern, jetzt Ihre Entscheidung zu treffen. Halt! „Jetzt“ heißt nicht „in dieser Sekunde“. Die folgenden Fragen sollten Sie wenigstens noch für sich beantworten. Sie gehören dazu und Sie sollten niemals bewerten, ohne alle Fragen zu kennen, und Sie sollten Sie auch, wenn möglich, beantworten.

Trauen Sie mir zu, Sie zum Gewinner zu machen, obwohl ich mich von Ihnen nicht wesentlich, sondern nur durch eine andere Identität unterscheide?

Trauen Sie mir zu, Ihnen ein Rätsel aufzugeben, das nicht lösbar ist?

Trauen Sie mir zu, dass ich ein wahrhaft einzigartiges Buch geschrieben habe, das für niemanden gedacht ist und schon gar keinen handelsüblichen Zweck erfüllt, aber dennoch mindestens so wichtig für Ihr Weiterkommen ist, wie alles andere, was Sie tun könnten?

Trauen Sie mir zu, dass ich ein Buch geschrieben habe, obwohl ich nicht den freien Willen dazu hatte, dennoch keinen Zwang dazu verspürte und vor allem nicht das bezwecke, was Sie denken?

Trauen Sie mir zu, dass ich weiß, wovon ich rede, wenn ich behaupte, es steckt mindestens soviel Weisheit in „Zieh Dich aus, Du alte Hippe" von HELGE SCHNEIDER *wie in „Krieg und Frieden" von einem, manchen Menschen bekannten Autor, dem es noch nicht einmal im engeren Sinne um Weisheit ging? - Obwohl ich „Krieg ohne Frieden" nie gelesen habe und mir nur denken kann, worum es da eigentlich geht, weil ich für so einen Wälzer nun wirklich noch keine Zeit hatte bzw. sie mir nie nahm oder die Zeiten sich einfach geändert haben und nie mehr vorübergehen…*

Grundlagen

BEVOR es so richtig losgeht, sind wir eigentlich oft schon mittendrin und der richtige Anfang kann, was die exakte Lokalisierung angeht, schwer definiert werden. Ich finde das erste Komma im vorherigen Satz ganz gut. Es sieht optisch ein bisschen wie eine Startlinie auf einer olympischen Aschenbahn aus und soll einfach mal der faktische Anfang sein. Ich vermeide damit bewusst die Unschärfe im System, die dem einen oder anderen Menschen, beispielsweise einer Philosophin, den letzten Nerv rauben kann, wenn sie Lokalisierungs-Gedankenspielchen vom eigentlichen Anfang oder der ursächlichen Ursache betreibt.

Ich möchte also ohne längere Umschweife zur wichtigsten Frage kommen, die bisher wohl noch kaum einen Leser, der gerade mit Lesen beschäftigt ist, wirklich beschäftigt, welche aber jeden, der weiterliest, ab sofort beschäftigen wird.

Zu welchem Zweck wurde dieses Buch eigentlich geschrieben?

Eine ganz schön legitime Frage, die um so relevanter wird, je weiter Sie gelesen haben werden. Der Titel ist ja nun wenig aufschlussreich und alles, was wir tun, auch das Lesen eines Buches mit wenig aufschlussreichem Titel, dient wohl, wie so oft behauptet, irgendeinem Zweck, selbst wenn es dem nicht erkennbaren Zweck dient, dass Sie einfach mit irgendetwas in der Hand herumsitzen und irgendwie hineinschauen können und beim Scharfstellen der Augen irgendwelche Gedankenprozesse ausgelöst werden, die keinen Menschen interessieren. Ärgern Sie sich nicht über diese Aussage. Es ist keine Provokation. Es interessiert sich nun einmal keiner wirklich dafür. Was soll ich tun? Wie auch immer diese Gedanken, die Sie trotzdem haben werden, dann weiterverarbeitet werden, z. B. willentlich, chaotisch oder schicksalhaft, wird mit dem Zweck ganz sicher irgendein Mittel geheiligt.

Alle Leser, die vorhaben und felsenfest behaupten, so ganz ohne Zweck dieses Buch lesen zu wollen, brauchen sich nun aber nicht zu sorgen. Man kann dieses Buch in jedem Fall auch zu einem eigentlich gar nicht existenten Zweck lesen, aber auch dafür ist es nicht gedacht. Diesen Lesern kann ich übrigens trotzdem nur meinen heimlichen Glückwunsch aussprechen. Sie haben definitiv die richtige Wahl getroffen. Das Schicksal hat sie wohl irgendwie zu diesem Buch geführt und Sie haben entschieden, es zu einem unbestimmten Zweck zu lesen. Na, wenn das kein Lob ist. Sie sind die, die am meisten gewinnen können, weil Sie sich klare Ziellosigkeit gesteckt haben und ungemein unengagiert an dieses Buch herangehen und so eigentlich gar nicht enttäuscht werden können. Ich zähle Sie schon jetzt zu den Lesern, die am ehesten gewinnen können und absolut erfolgreich keinen Zweck damit erfüllen werden. Nun möchte ich aber nicht alle anderen enttäuschen und zu B-Lesern degradieren. Auch Sie werden erfolgreich sein und zwar so wie noch nie zuvor. Auch wenn Sie während des Lesens manchmal heimlich denken „Mensch, der hat ja einen anstrengenden Schreibstil und ich befürchte, es geht so recht um nichts Handfestes, und womöglich lerne ich hier nichts Nützliches für mein Leben und kann nicht einmal wirklich abschalten", dann kann ich Ihnen sofort wieder Mut machen und Ihnen versichern:

> *Sie sorgen sich völlig unnötig. Bitte tun Sie es nicht!*

Es kommt doch immer auf die Perspektive an. Wenn Sie mir nicht folgen können, ist es allein Ihre Schuld, und wenn Sie es können, ist es auch okay, aber Sie werden trotzdem erfolgreich sein, denn Sie haben eine Wahl getroffen, und wer selbst bestimmt, schicksalhaft oder wie auch immer handelt, sollte sowieso nie klagen, denn man kann grundsätzlich fast nichts falsch machen. Selbst wenn Sie zu dem Schluss kommen, dass dies das schlechteste Buch ist, das Sie je gelesen haben, so haben Sie dennoch die Möglichkeit, nach klassischen Gesichtspunkten rein zweckorientiert zu lesen und somit automatisch erfolgreich zu sein: Vielleicht suchen Sie gedankliche Anregungen zur Entwicklung Ihres Geistes. Na dann: Strike! Vielleicht wollen Sie auch nur bewusst bei der täglichen Zugfahrt zur Arbeit der unangenehmen Atmosphäre eines voll besetzten Abteils der 2. Klasse entfliehen. Ebenfalls: Strike! Ich könnte mir sogar vorstellen, dass Sie dieses Buch geschenkt bekommen haben, beispielsweise von jemandem, der glaubt, dass Sie es unbedingt lesen müssen und dass Sie nun mit den allerbesten Absichten und schicksalsbedingter Willensfreiheit einfach endlich wissen wollen, um was es denn nun eigentlich geht. Das ist okay.

Ich will aber zunächst noch schnell, bevor es in Vergessenheit gerät, die oben gestellte Frage beantworten. Es ist so ziemlich das Einzige, was hier kurz und bündig abgehandelt wird und ich hoffe, es ist keine Enttäuschung für Sie:

> *Zu welchem Zweck dieses Buch geschrieben wurde, weiß auf dieser Erde leider kein Mensch und ich auch nicht so genau. Aber es ist etwas anderes, als Sie denken. Das weiß ich genau.*

Ja, ja, das ist schon erstaunlich, oder? Was soll ich aber sonst sagen, wenn es doch so ist. Das ist jetzt vielleicht hart und fast schon eine Herausforderung für den einen oder anderen Leser. Mancher hält sich ja zu Recht für ein kluges Geschöpf und hält schon mindestens 17 Theorien parat, weshalb Menschen Bücher schreiben, obwohl sie gar nicht so richtig zum Schreiben berufen sind und all die anderen Dinge auch keine Ursachen sind. Ich wette sogar, der eine oder andere fühlt sich sogar in seiner Ehre gekränkt und hat schon drei der eher glimpflichen Theorien verworfen. Und der psychologisch Vorgebildete wird sich sagen „Mein Gott, das ist ja lächerlich, wir hatten das doch irgendwann im 2. Semester... wie war das noch... ja, genau... die sexuelle Triebkraft, die nicht mit entsprechend natürlichen Verfahren zur Entfaltung kommt und sich in kreativen Ergüssen einen Ausweg sucht... usw." - Ja, das macht Sinn. Eigentlich könnten Sie damit prima das Vorurteil über dieses Buch fällen und seine Existenz und seinen Zweck erklären. Sie verwerfen einfach die Theorie der göttlichen Herkunft. Meine sexuelle Triebkraft steckt tatsächlich schon zwischen den Zeilen und wenn Sie es richtig auf sich wirken lassen, können Sie es sogar spüren. Ist wirklich eine tolle Sache, diese Art Textsex.

Somit wäre also schon die erste These über den „Zweck an sich" eine infame Lüge und es wäre für Sie gefährlich weiterzulesen, wenn Ihnen Lügen weh tun. Die Wahrheit ist ja nun offenbart und glitzert arrogant am Firmament und schreit leise, aber deutlich: „Bitte, lasst mich hier hängen!" Und da sie keiner abschießt, stimmt die absolute Wahrheit mit den befreundeten subjektiven Wahrheiten einen Kanon ein und es klingt gar nicht mal schlecht.

Ich will *diese* Wahrheit bei ihrer Gesangseinlage in keiner Weise belästigen. Ich weiß ja, dass das Lied bald zu Ende gehen wird und es in Zukunft keiner mehr hören kann, so wie schon immer in der Geschichte Wahrheiten zu Lügen werden, wenn neue Wahrheiten alte nicht mehr leiden können. Ich fand z.B. die Sache mit der Erdscheibe eigentlich immer ziemlich gut. Warum musste diese Wahrheit unbedingt begraben werden? Und wann wird die Variante mit der Kugel begraben? Lange wird es wohl nicht mehr dauern, da auch die Kugel-Lüge auffliegen wird und wir lernen, dass eigentlich alles ganz anders ist. Mir ist klar, dass jetzt keiner von Ihnen auch nur im geringsten an der Kugel-Wahrheit zweifelt. So war es schon immer und so wird es auch immer bleiben. Es ist wahrscheinlich nützlicher so.

Wenn alles immer so einfach wäre, hätte ich mir die Mühe, dieses Buch zu schreiben, eigentlich gar nicht zu machen brauchen. Es wäre ja irgendwie peinlich, wenn man sich Sätze aus der Rippe sägt, damit es ein Buch wird, und ich es mir eigentlich hätte schenken können, weil alles schon im ersten Kapitel klar wäre und Sie mich wegen meines Sexuallebens bemitleiden. Warum aber gibt es weitere Seiten, obwohl ich diese Entlarvung jetzt bereits vollzogen habe und dem Buch alles nähme, was es hätte. Ich sollte vielleicht wirklich einfach ein kluges Buch, z.B. „Biotech.com - der schnellste Weg zum eigenen Porsche“, schreiben und kein Mensch würde sich die Frage stellen, was mich dazu führt, ein Buch zu schreiben. Jeder interessierte Leser wäre dankbar für dieses nützliche, amüsante Buch, das die Menschheit bewegt, träumen und hoffen lässt. Und ich wäre fein raus.

Aber, und es gibt fast immer ein „aber", ja, aber wie soll ich sonst eine kostenlose Psychoanalyse kriegen, die ich gar nicht brauche? Und jetzt kommt die erste Überraschung: Kein Mensch braucht eine und bezahlt trotzdem dafür. Und ich möchte wenigstens, wenn ich schon keine brauche, nicht auch noch dafür bezahlen. Macht doch Sinn, oder? Vielleicht hängt alles damit zusammen und Sie können jetzt die Triebhypothese behalten oder verwerfen, aber sie sollten nicht weiter darauf herumknatschen und sie immer wieder mal hervorkramen. Das wird Sie noch mehr verwirren. Wenn Sie es sich zutrauen, nur zu, aber dann ist es Ihre Schuld. Kein Mensch weiß und wird je wissen, warum dieses Buch keinen offensichtlichen Zweck verfolgt. Ich behaupte das einfach mal und behalte Recht.

Und wenn es doch einer weiß, dann werde ich ihn oder sie erstaunt anschauen und mich irgendwie ein bisschen schämen, dass ich nicht selbst darauf gekommen bin. Für jeden konstruktiven Ansatz gibt es übrigens Punkte und ich kann jetzt schon sagen, dass eine Riesenüberraschung auf den wartet, der am meisten Punkte bekommt. Und verraten wird hier gar nichts, weder die Überraschung noch der wahre Grund für dieses Buch. Und

Vorsicht: wir wollen hier nicht Zweck und Grund durcheinander wirbeln. Einen profanen Zweck gibt es nicht, aber Gründe gibt es immer.

Die Wahrheit ist: Dieses Buch verfolgt also weder einen Nullachtfünfzehn-Zweck, noch ist es vom Schicksal geschrieben oder womöglich aus chaotischen Prozessen zufällig entstanden. Wenn ich es nicht selbst geschrieben hätte, wäre ich sogar geneigt zu behaupten, dass es vor allem deshalb existiert, um nicht *nicht* zu existieren, ganz ohne komplexe Zusammenhänge, einfach nur so und ganz sicher nicht, um Hilfestellung für ein bestimmtes Problem, wie z.B. das „Leben an sich", zu liefern. Es ist einfach nur gut, dass es endlich existiert.

Die folgenden Kapitel werden Aspekte beleuchten, die zur weiteren Wahrheitsfindung äußerst dienlich sein werden, auch wenn Sie dabei manchmal recht weit weggetragen werden. Sie haben jetzt die Grundlagen. Machen wir doch ein Spiel daraus: Wenn Sie herausbekommen, zu welchem Zweck dieses Buch existiert, kriegen Sie Ihr Geld zurück und können sich dann ein anderes Buch kaufen, eines über ein konkretes Thema, das vielleicht mehr Klarheit in Ihr Dasein bringt und Sie ein ordentliches Stück nach vorne katapultiert oder eines, dass Sie wirklich fesselt und Sie vom Zugabteil ablenkt.

Sie können aber auch versuchen, alles durch Meditation herauszubekommen. Sie müssen sich einfach nur auf eine Sache, eben dieses Buch, konzentrieren und es kreuz und quer durch Ihren Geist schicken.

Wenn Sie es nicht herausbekommen, haben Sie versagt und es bleibt Ihnen nichts anderes übrig, als sich selbst im Spiegel anzusehen. Aber nur keine Angst, es wird genauso aussehen wie vorher.

Zeit haben, Zeit nehmen und Zeiten, die nie mehr vorübergehen

MÖGLICHERWEISE könnte dieses Buch nie geschrieben worden sein, wenn nicht irgendjemand die Zeit dazu gehabt hätte. Na ja, nicht ganz korrekt, wer *hat* schon Zeit? So richtig haben tut man die ja nicht gerade. Es gibt so ca. eine Millionen Dinge, die, wenn man sie tut oder darüber nachdenkt, einem sehr schnell das Gefühl vermitteln können, dass man nicht wirklich welche hat. Und das Allerschlimmste: Wenn man so etwas tut, ist sie schon wieder halb vergangen und man verwendet noch ein wenig davon, um sich darüber irgendwie zu ärgern. Ein Manager pflegt deshalb zu betonen, dass man sich Zeit immer *nehmen* muss, so dass man sie gewissermaßen besitzt und für diverse körperliche, geistige oder esoterische Operationen reserviert und wirklich nutzt. Meiner Erfahrung nach kann man das zwar tun, aber man muss sich dann ganz schön beeilen, weil sich jede dieser vielen dahinpurzelnden Sekunden schon so gut wie verflüchtigt hat, sobald man sie auch nur anblinzelt. Man muss sich also, wenn man eine bestimmte Menge Zeit zur Verfügung hat, sagen wir mal so eine ganze Stunde, hinsetzen und loslegen und vorher einberechnet haben, wie oft man die Sekunden anblinzeln wird. Man sollte möglichst keine Sekunde lang daran denken, für was man die Zeit noch hätte verwenden können, weil sie einem ja dann für die eigentlich geplante Tätigkeit fehlt. Wenn man das konsequent durchführt, ist die Zeit irgendwann entronnen, die Tätigkeit bis zu einem gewissen Grad vollbracht und man könnte sich neue Zeit nehmen. Nur, wann fängt man damit am besten an? Während man die erste Tätigkeit hochkonzentriert absolviert, können Sie ja nicht ständig auf die Uhr schauen und dabei wertvolle Zeit vergeuden. Man muss also erst fertig sein. Wie wird allerdings das Ende offenbart?

Na ja, man könnte hier jetzt stundenlang darüber schreiben, wie man das Ende bemerken würde, aber heute gibt es ja Wecker, die einen da herausreißen können. Sie dürfen natürlich nicht so extrem konzentriert sein, dass Sie keine Geräusche mehr wahrnehmen - der aufmerksame Leser merkt hier sofort die Unschärfe im System - und Sie müssen sich von vornherein eine gewisse Menge Extra-Zeit reservieren für all die vielen kleinen gedanklichen Störungen und für die Planung der nächsten Aktivität.

So weit, so gut. Ist ja alles ganz einfach und funktioniert ja auch einwandfrei. Jeder Mensch behauptet von sich, mit Zeit irgendwie umgehen zu können. Der eine kann es nicht und der andere ist ein wahrer Meister des Zeitmanagements. Aber es funktioniert für jeden und das, wenn man es im Gesamten betrachtet, fabelhaft.

Es gibt nur Probleme mit den Zeiten, die nie mehr vorübergehen.

Zu dumm. Mit denen geht es leider nicht. Muss ich das erklären? Wohl kaum. Außerdem braucht ganz sicher kein Mensch wirklich ständig für alles eine Erklärung, oder? Stellen Sie sich nur vor, jeder müsste jeden seiner Sätze erklären. Das gäbe ja ein heilloses Verwirrungsspiel und kann zu nichts Gutem führen. Es ist doch so, wie es da steht, eigentlich schon deutlich genug und lässt Ihnen den nötigen Spielraum für tollkühne Interpretationen. Insgeheim müssen Sie einfach längst wissen, was ich meine. Sie wissen es auch, nicht wahr? Na also.

Hemingway hätte diesen Satz geliebt und sich einen Teufel darum geschert, ob Sie ihn verstehen oder nicht. Ich bin nicht arrogant, wenn ich behaupte, dass es alleine mein Satz ist und ich mich deshalb noch viel weniger darum schere. Ich beanspruche ihn und teile ihn hier lediglich mit. Wenn ich ihn jetzt so sehe, könnte ich mir sogar vorstellen, dass Hemingway einst einen fast ebenso trefflichen Satz benutzt hat, wenn es nicht sogar genau der gleiche war. Obwohl. - Unsinn. Er hat ja in Englisch geschrieben und das kann auch falsch übersetzt worden sein.

Der Satz ist dann wohl möglicherweise doch nicht von ihm oder von wem auch immer. Vielleicht steht er so oder *sinngemäß* schon irgendwo in der Bibel oder in den alten Yoga-Schriften und das können wir ja sowieso nicht alle nachprüfen. Ein Teil von Ihnen wird mir also glauben müssen, der andere Teil wird es wollen müssen. Egal wie. Er steht jetzt nun mal da und wird zum Objekt hoffnungsloser Gedankengänge. Was macht diesen Satz aber doch so besonders und einzigartig und deshalb brillant?

Die Antwort ist ganz einfach. Es ist der Kontext, nicht mehr und nicht weniger. Aus Gründen, die wohl irgendwie mit der Evolution zusammenhängen, ist dies ein ganz einzigartiger Kontext, und damit ich Ihnen nicht zuviel zumute, würde ich Ihnen sogar ausnahmsweise erklären, warum es mit den Zeiten, die nie mehr vorübergehen, anders ist, als mit denen, die man sich nimmt oder vielleicht sogar doch irgendwie hat.

Aber, und das muss ich Ihnen jetzt auch einmal in aller Deutlichkeit sagen: Sie haben es sich eigentlich noch nicht verdient. Warum sollte ich mir also jetzt die Mühe machen, Sie über diese außergewöhnlichen Zeiten aufzuklären?

Ich bin ehrlich und sage Ihnen: Ich weiß es nicht. Und je länger ich darüber nachdenke, desto mehr vergeht mir die Lust dazu. Aber die Vergänglichkeit hat schon etwas zu tun mit diesen sonderbaren Zeiten, die nie mehr vorübergehen.

Willenlos schreiben ist identisch mit willentlich geplantem Selbstmord

BETRACHTEN wir aber zunächst das Äquivalenzprinzip. Wenn ich einen Schokoladenpudding esse und dabei ein breites Grinsen aufsetze, die Augenbrauen hochziehe und mein Herz hüpft, ist das eine tolle Sache. Es ist bald vorbei und schwingt noch leicht nach und ich kann das nicht beliebig oft wiederholen, sonst lässt das Grinsen nach und es bilden sich Stirnrunzeln aus. Genau wie beim Sex. Sex und Pudding essen sind also äquivalent. Erstaunlich, aber wahr, wenn ich das Ganze von einem bestimmten Standpunkt aus betrachte, nämlich dem visuellen. Ich notiere identische Gesichtsausdrücke und schließe auf ähnliche Ursachen für diese Gesichtsausdrücke und kann ein Buch darüber schreiben. So werden Unmengen von Büchern geschrieben, alle mehr oder weniger wahr, je nachdem, wie genau man hinschaut. Es gibt natürlich clevere Menschen, die noch ein paar Zentimeter tiefer schauen als andere und dann erste Unterschiede feststellen und die schöne Äquivalenz mit gutem Grund anzweifeln. Ich bin immer begeistert von Büchern, die da richtig in die Tiefe gehen und, bevor man sich in der Komplexität verliert, dann doch noch schnell die Kurve kriegen und angenehm schlüssig resümieren. Man atmet auf und ist froh, dass der Exkurs in die Tiefen der Ursachen ein Ende hat und freut sich über sauber abgegrenzte Themen und die hübsche Äquivalenz. Mir fällt es aufgrund meiner positiven Stimmung, die sich in so einem Fall gerne breit macht, sehr leicht zu glauben, was da geschrieben steht. Ich bin immer ein bisschen stolz, dem Autor folgen zu können, es blitzt und funkt in meinem Gehirn und alleine das verleiht dem Buch schon seine Existenzlegitimation. Das kann sogar noch gesteigert werden, wenn andere Bücher fast alles davon bestätigen und sich viele Menschen einig sind. Dann fühlt man sich pudelwohl mit soviel Weisheit und lässt ohne Ende Zeit verstreichen mit diesem guten Gefühl im Geist. Was mögen aber das für seltsame Zeiten sein, die da verstreichen?

Sie gehen in jedem Fall vorüber, so wie alle anderen auch. Man liest ja doch irgendwann weiter und findet immer wieder neue Bücher. Entgegen so mancher Erwartung ist übrigens willenlos schreiben absolut identisch mit willentlich geplantem Selbstmord. Es hängt nur davon ab, wie man es betrachtet. Versuchen Sie es mal! Ich wette, Sie finden äquivalente Erscheinungen und irgendein intelligenter Mensch dieser Welt findet identische Ursachen dafür und führt diese wieder auf kollektive Ursachen zurück usw. - Ein guter Beobachter könnte ewig darüber schreiben. In jedem Fall wird er aber höchstwahrscheinlich die Zeiten vergessen, die eigentlich längst vorüber sein müssten. Es kann eben keiner an alles denken und in sein Buch packen. Ich lasse jetzt hier die Beobachtungen alle weg, die sowieso nicht reichen würden, um eine hundertprozentige Äquivalenz zwischen Schreiben und Sterben, ob mit oder ohne Willen, nachzuweisen. Das ist wohl offensichtlich.

Aber ich habe diese Zeiten nicht vergessen und bin jetzt derjenige, der wenigstens *daran* gedacht hat.

Die wahre Ursache liegt in der Kindheit und allem, was davor war

KENNEN Sie Reiki? Das ist eine phantastische Sache. Es hat irgendwie mit dem Yoga-Weg, dem chinesischen Chi, Prana-Licht, den Chakren und vielen anderen astralen Sachen zu tun, aber es ist etwas ganz eigenes. Eine wirklich runde Sache und das Beste: Es wirkt! Ich meine es absolut ernst. Es hat eine unglaubliche Heilwirkung und ich bin fasziniert davon. Ich weiß, dass es wirkt, weil es gewirkt hat und glaube also daran. Klingt paradox, aber die Wahrheit liegt irgendwo dazwischen. Mir hat es in jedem Fall bei allen möglichen Dingen des Lebens ungemein geholfen. Eigentlich bei fast allen. Es kriegt insofern ein Urteil, das sich weit in richtig „gut" bewegt, je nachdem, wonach man bewertet. Am genialsten finde ich die Methode, das „innere Kind" zu heilen. Ist wahnsinnig kompliziert und ich kann das gar nicht alles erklären und habe es selbst auch noch gar nicht gemacht. Überlegen

Sie sich das mal? Wenn ich mein inneres Kind heilen würde, hätte ich ja keine Gelegenheit mehr zum Leben oder Schreiben und Sie nichts Vernünftiges, womit Sie sich jetzt gerade die Zeit vertreiben könnten. Was ist Ihnen also lieber? Sollte ich zunächst mein inneres Kind heilen und dann befreit von allen Kindheitstraumata ein nützliches, zweckorientiertes Buch schreiben oder das innere Kind, inneres Kind sein lassen und weitermachen? Eine schwierige Frage, vor allem im Zusammenhang mit den Notwendigkeiten an sich.

„Innere Kinder“ sind übrigens überhaupt nichts Schlimmes, auch wenn es sich irgendwie krank anhört. Sie müssen überhaupt keine Angst davor haben. Die meisten von Ihnen wissen nicht einmal, dass Sie ein „inneres Kind“ haben und schauen trotzdem morgens in den Spiegel. Das ist zwar Selbstbetrug und Sie verstehen eigentlich nicht, was Sie da sehen, aber Sie können das Gesicht da im Spiegel trotzdem zuordnen und wenn nötig schminken. Ich glaube, wenn man die Kinder richtig ausheilt, wird man Mönch und begreift ganzheitlich, was das Leben so bietet. Wenn man sie nicht heilt, wird man kein Mönch und macht den Mönchen das Begreifen schwer.

Ich habe mir gedacht, mein inneres Kind heilt vielleicht auch ohne den Reiki-Weg. Also habe ich mir mal Gedanken über den kleinen Paddy gemacht. Als ich gut ein Jahr alt war, kam mein Brüderchen zur Welt und meine Mutter sagte mir, dass der kleine Andy jetzt meine Windeln bräuchte. Das habe ich wohl sofort begriffen und meine erste soziale Tat getätigt.

Ich glaube, ab diesem Zeitpunkt wurde ich schon in einem Atemzug mit JESUS, GHANDI und BUDDHA genannt. Ich weiß es nicht mehr genau, aber ich glaube, ich fand damals die Windeln eigentlich viel angenehmer als das Töpfchen. Aber was sollte ich tun? Meuterei stand außer Frage und so richtig überzeugend reden konnte ich ja auch noch nicht. Meine Mutter erzählt heute noch stolz, was ich für ein feiner und kluger Kerl war und soweit ich mich zurück erinnere, war ich darauf schon immer stolz und bin es heute noch. Irgendwann habe ich zwar gehört, dass da eines meiner ersten Weltbilder ins Töpfchen plumpste, aber, mein Gott, ich hatte eben das falsche, und ich weiß nicht, wie viel falsche danach noch kamen. Ich musste wohl irgendeine Resonanzschwingung „ausgesendet“ haben, die meine Mutter auf die Idee brachte, mich das zu fragen. Obwohl... es ist wahrscheinlich alles viel einfacher zu erklären. Meine Mutter wäre natürlich der ideale Sündenbock. Wie kann man auch einem kleinen Kind, das ein Weltbild hat, dieses einfach kaputtmachen, nur weil man glaubt, mit gut einem Jahr sollte man langsam stubenrein sein. Da existierte wohl irgendein kollektives Unterbewusstsein im Geiste meiner Mutter, das sie dazu veranlasste, bestimmte Worte an mich zu richten, die bei mir auf Akzeptanz stießen und dennoch mein Weltbild zerstört haben mögen. Aber haben sie das wirklich? Haben Kinder überhaupt schon richtige Welt-Bilder? Keine Ahnung. Man sollte mal welche fragen. Oder lernen sie einfach nur immer mehr über die Welt, bis sie ihnen zu groß und unverständlich wird und sie sie eigentlich gar nicht mehr richtig leiden können und sich dann in Bücher flüchten, um sich mit Beschreibungen von Bildern zu beschäftigen, die gute Laune machen? Ich bin froh, dass ich das Windel-Weltbild so früh verworfen habe. Andere Weltbilder hätte ich damals auch schon ins Töpfchen plumpsen lassen sollen. Je früher man das tut, desto besser. Am besten noch das innere Kind dazu befragen und von Anfang an in Freundschaft groß werden.

Manche Menschen planen aufgrund nicht zerstörter Weltbilder ihren eigenen Exit, wollen mal so richtig Urlaub machen von Weltbildern, die nichts taugen. Der freie Wille zum Drogen- und Kosmosurlaub oder zum direkten Vondannengehen ist aber schon in der Bibel ziemlich verpönt und wird mit anderen Bildern, z.B. dem von der heiligen Madonna, wieder eingefangen und gleichgerichtet. Wenn alle das gleiche Weltbild hätten und es so schön wäre wie MADONNA, bräuchte man eigentlich nur das eine. Eigentlich unverständlich, dass man die Erdenzeit in menschlicher Hülle mit unnötig vielen Weltbildern irrealisiert und auf Verlängerung pocht, wenn doch danach, als Schmetterling, alles viel schöner und unbeschwerlicher ist. Und Sie können mir glauben, was ich von Schein- und Komatoten schon gehört habe, muss auch das Sterben selbst eine ganz phantastische Sache sein. Manche freuen sich sogar schon darauf, wenn es wieder passiert.

Ich bin jedenfalls heute noch stolz darauf, meinem Bruder damals meine Windeln gegeben zu haben. Ich hätte ja auch bockig sein können. Aber es floss nun einmal Heldenblut in meinen Adern. Mein Gott, muss ich eine Ausstrahlung gehabt haben. Und meine Mutter hat mich nicht aufgehalten und schon damals mehr von mir gehalten, als man von einem kleinen Würstchen halten muss. Ohne jeden Zweifel haben wir uns gegenseitig stolz gemacht. Sie ist liebevoller und gutmütiger als alle anderen auf der ganzen Welt und ich finde es gut, dass sie das getan hat, was sie getan hat. Hätte sie etwas anderes getan - um Gottes Willen, was wäre dann nur aus mir geworden? Womöglich hätte ich immer noch ab und zu mal Windeln an. Oder ich schriebe ein Buch über Fußball, welches nun wirklich erst recht keinem nutzen würde. Selbst die Leser aus dem Zugabteil würden sich dann lieber nach Leuten umschauen, mit denen sie Fußball spielen könnten, statt darüber lesen zu müssen.

Das Verzeihen von Dingen, die einem an und für sich gar nicht wirklich weh tun und das noch nicht einmal könnten, weil auch schon bei den Indianern nichts wirklich weh tun konnte, ist eine grundlegend gute Sache, auch in Zeiten, da „gut" und „schlecht" immer mal wieder anders bewertet wird, eben mal besser und mal schlechter. Egal was war, ist und sein wird. Es gilt für jeden, Indianer oder nicht, die Dinge nur zu bestaunen, „aha" zu murmeln und weiterzugehen und zwar dorthin, wo die Wiesen noch grün sind und die Liebe keine Lüge kennt. Oder man heilt das innere Kind und braucht keine Psychoanalyse mehr und kriegt sie auch nicht kostenlos, weil man kein Buch geschrieben hätte. Und gebraucht hätte man sie so oder so nicht, wie Sie auch bald noch einsehen werden.

Kreativität als Motor der eigenen Willenskraft - Ziele chaotischer Systeme

WIR hatten es schon ein paar Mal mit der Unschärfe im System zu tun, eine hässliche Angelegenheit, bei der man sich nicht wirklich wohl fühlt. Aber das muss nicht sein. Unschärfe hat auch etwas Positives. Denken wir zum Beispiel an die Kreativität.

Zunächst sollten Sie mal Ihren Schreibtisch verwüsten und sich überlegen, warum Sie das getan haben. Nein, Spaß beiseite. Verwüsten Sie ihn aber wirklich einmal und stellen sich vor, jetzt etwas Kreatives machen zu wollen. Also, mir fiele spontan Aufräumen ein, aber das würden wohl die meisten als unkreativ bezeichnen. Wahrscheinlich fällt einem von Ihnen ein, einen Flugsaurier aus Bleistiften und Papieren zu bauen, der selbstständig fliegen kann und keine Energiequelle bräuchte, so eine Art Perpetuum Mobile, das sich aus sich selbst speist. Eine phantastische Sache und Sie fangen sofort an. Bloß fehlt immer irgendetwas. So auch diesmal. Die Kreativität wird zum Motor der eigenen Willenskraft und Sie überwinden sich, gehen in den Schreibwarenladen um die Ecke und holen sich Klebstoff, obwohl es draußen regnet und saukalt ist und Sie vorher keine zehn Pferde vor die Tür bekommen hätten. Weder Sie die Pferde, noch die Pferde Sie. Aber Sie wollen diesen sich selbst speisenden Flugsaurier, so wie ihn noch kein Mensch vor Ihnen gewollt hat. Er wird einzigartig sein. Nur Sie haben das fertige Bild im Kopf und die Welt wird Ihnen begeistert huldigen.

Sie kommen pitschnass zurück an ihren Schreibtisch und können ihn nicht mehr sehen. Die Vision des Flugsauriers scheint irgendwie nicht mehr aus diesem Schreibtischchaos hervorzutreten. Hm. Wie kann das sein? Sie hätten wohl nicht unterbrechen dürfen. Der Laden, der Regen, die unfreundlichen Leute. All das hat Ihre Vision verwässert und schließlich getötet. Alles, was Sie jetzt noch tun können, wäre, eines der Blätter zu nehmen und mit einer Konstruktionszeichnung zu beginnen. Aber bei der Unordnung kann kein Mensch wirklich gut konstruieren. Also räumen Sie zunächst den Schreibtisch auf.

Aha. Das hätten Sie natürlich auch haben können, ohne pitschnass zu werden. Da war wohl mal wieder der Geist größer als das Gehirn.

Und so sieht das für mich als Außenstehender so aus, als hätte der Schreibtischwust von vornherein eigentlich nur ein Ziel verfolgt und das mit anscheinend eisenhartem Willen:

Zurück zur Ordnung und dann mal schauen... vielleicht noch einmal verwüsten lassen?

Jetzt behaupten Sie nicht, das wäre an den Haaren herbeigezogen und hätte nichts mit realen kreativen Prozessen zu tun und schon gar nichts mit dem Willen des Chaos. Ich sage Ihnen: Sie liegen möglicherweise diesmal nicht richtig. Aber keine Sorge, Sie werden deshalb keinen Schiffbruch erleiden. Wenn man sich einmal wirklich über das Wort Kreativität Gedanken macht, ist es schon lächerlich, dass Menschen immer wieder von sich behaupten, kreativ zu sein. Letztendlich räumen sie nur auf, was schon einmal in Ordnung war und reden von ihrer individuellen Schaffenskraft, als wäre sie etwas Besonderes. Jeder ist gleich individuell und kann irgendetwas zusammenbasteln, schreiben oder trällern und macht dabei nicht mehr oder weniger Ordnung als einer, der sein Geld damit verdienen will. Oder wissen Sie einen anderen Grund als krankhaften Ordnungszwang, der uns jede Woche einen neuen Radiohit beschert, nachdem Beethoven alle Noten in anderen Zeiten schon einmal ziemlich gut angeordnet hat und das nicht nur einmal, obwohl einmal wirklich gereicht hätte.

Wie bitte? Damit sind Sie nicht einverstanden? Sie lieben alle neun Symphonien von BEETHOVEN und finden keine überflüssig? Wie viele Notenarrangements hätten Sie denn noch von ihm ertragen? Ich hätte es besser gefunden, wenn er statt der letzten Symphonie einen Flugsaurier gebaut hätte. Ich finde, man hört ein wenig heraus, dass er schon taub war und nur noch theoretisch komponierte. Man nennt so etwas auch Kunstbetrug und es ist so ähnlich wie bei den Radiohits, die man heute mit einem PC-Programm herstellen kann, auf einem PC, der keine Lautsprecher hat. Schauen Sie sich die Noten einmal genau an. Mir kommen sie schon ziemlich bekannt vor und ich wüsste nicht, ob BEETHOVEN nicht doch lieber einen Flugsaurier gebaut hätte, wenn er das hätte hören können. Er war wahrscheinlich einfach nur zu faul, zum Schreibwarenladen zu gehen, und hat lieber in der warmen Stube Noten angeordnet. Nichts gegen BEETHOVEN, aber Faulheit und Kreativität passen nicht gut zusammen und werfen kein gutes Bild auf die Neunte. Es gibt Menschen, die sie trotzdem täglich hören. Insofern hat es doch schon fast wieder etwas von einem Perpetuum Mobile. Ich habe aber auch nie behauptet, dass ein Flugsaurier nichts mit der Neunten zu tun hätte. Und BEETHOVEN war zweifelsfrei erfolgreich. Dagegen spricht ja auch nichts. Ich hoffe aber, Sie begreifen, dass Ihr Erfolg nach Lesen dieses Buches mindestens genauso viel wert ist.

Die Yogis würden Ihnen zu den vielen Notenarrangements übrigens mitleidig lächelnd sagen „Lass los, Du brauchst keine 1000 Musik-CDs im Regal". Und mit dieser Aussage haben sie irgendwo schon relativ viel Recht. Man überlege sich mal, wo das hinführen würde. Man ordnet die CDs womöglich noch alphabetisch und nach Stilrichtungen an, damit die Notenanordnungen nicht kontraproduktiv wirken. Ein kreativer Verzweiflungsakt von Kreativen, deren eigene Notenanordnungen kein Mensch leiden könnte. Letztendlich ist alles irgendwie schon einmal da gewesen und alle diese vielen minimalen Variationen hören zu wollen, bedeutet nun entweder, dass Sie sehr vergesslich sind oder es Ihnen an analytischem Feingeist fehlt. Ärgern Sie sich aber nicht. Solange es funktioniert, sollten Sie sich keine Sorgen machen. Es hemmt nur äußerlich Ihren Entwicklungsprozess und fesselt nur für Ignoranten die eigentliche Kreativität. Sie können nämlich beliebig viele CD-Ordnungsschemata entwickeln und das ist ebenso kreativ, wie selbst CDs herzustellen oder Erbcodes auswendig zu lernen. Sie finden das vielleicht tragisch oder es interessiert Sie gar nicht, weil Sie keine Musik mögen und lieber Bierdeckel sammeln. Soll mir recht sein, aber Sie sollten es nicht übertreiben mit dem kreativen Ordnungswahn.

Und dieses Buch? Wie ordnen wir das nun ein?

Falls Sie jetzt noch weiterlesen wollen, statt erst einmal den Platz im Regal zu suchen, seien Sie sich darüber im Klaren, dass Sie in dieser Zeit nichts Kreatives für andere schaffen werden, die man dann davon abhalten könnte, selbst kreativ zu sein. Aber keine Sorge, Sie werden hier auf gar keinen Fall um irgendetwas betrogen. Der Erfolg ist Ihnen hundertprozentig sicher. Das habe ich Ihnen versprochen und solch ein Versprechen gilt für alle Zeiten. Egal, was Sie willentlich nun vorhaben oder was schicksalsbedingt dazu führen mag, dass Sie freien oder unfreien Willen entfalten, Sie machen ganz sicher alles richtig, glauben Sie mir, auch oder sogar insbesondere, wenn Sie weiterlesen.

Objektiv messbarer gesellschaftlicher Erfolg zwingt zur subjektiv anerkannten Autorenschaft

DER Titel dieses Kapitels sagt eigentlich schon alles. Ich möchte dennoch ein paar Worte dazu verlieren, sonst hätte ich Probleme, dies hier als eigenständig abgerundetes Kapitel zu deklarieren. Außerdem soll es ja in den Gesamtkontext passen. Es würde wohl keinen Sinn machen, eine solche Aussage zu treffen und sie blindlings irgendwohin zu stellen. Viele machen das. Ich nicht.

Wie ist das nun mit der Sorte Autor, die wir hier beinahe vergessen hätten: Die Erfolgreichen, die es weder finanziell nötig hätten, Bücher zu schreiben, noch so richtig Zeit dazu haben oder etwas wirklich Nützliches zu sagen hätten? Welchen Zweck verfolgen solche Leute, die sowieso schon berühmt sind oder zumindest alles haben, was man so haben muss, um glücklich zu sein?

Ist doch logisch: Es ist der Zwang. Nicht etwa der direkte, äußere oder der in ihnen quengelnde innere Selbstverwirklichungszwang, der möglicherweise selbst nach dem Erfolg noch quengelt. Nein, nein. Es ist ein ganz subtiler kollektiver Zwang, der nicht in ihrem Unterbewusstsein wohnt, sondern in unser aller. Man kauft, was man kennt, weil man sich damit in größerer Sicherheit wiegen kann. Sieht man nun ein Buch, z.B. vom Bundeskanzler im Laden stehen, kann man sogleich zwischen Titel und Autor ein virtuelles Emblem wahrnehmen, das da spricht „Mit mir kannst Du nicht viel falsch machen". In jedem Fall kann man mit einem solchen Buch nur gewinnen. Entweder es ist ein gutes Buch, dann wächst das Ansehen und der Erfolg des Prominenten in unermessliche Höhen und man selbst freut sich, dass man dazu beigetragen hat und irgendwie dabei gewesen ist. Oder es ist schlecht. Dann sinkt das Ansehen und man selbst hat es ja schon nach dem ersten Kapitel gewusst. Auf jeden Fall ist das alles höchst subjektiv, wirkt allerdings im Effekt der Top-50-Liste objektiv, wohingegen der bisherige Erfolg *rein objektiv* war. Erreichte Umsatzziele eines Firmeninhabers oder gewonnene Turniere von Tennisspielern sind ziemlich objektive Größen. - Das Buch könnte man zwar auch an rein objektiven Kriterien messen, wie z.B. der Top-50-Liste, aber dann müsste man mit gleicher Berechtigung auch das Tennismatch subjektiv beurteilen und sagen „Ja gut, zwar 20x gewonnen, aber schlecht gespielt" oder so. Aber wer macht so etwas schon? Wenn einer alle Turniere gewonnen hat, ist er objektiv erfolgreich gewesen und wenn derjenige dann ein Buch schreibt, wird er wegen des virtuellen Emblems objektiv automatisch auch erfolgreich sein, aber von den Lesern ungewollt subjektiv bewertet werden. Sie suchen den Denkfehler? Vergessen Sie es. Es ist wasserdicht. Manchmal ist es gut, ein Machtwort zu sprechen, wenn man Gefahr läuft, enttarnt zu werden. Aber in diesem Fall ist es reine Arroganz. Es ist wirklich wasserdicht. Wirk-lich.

Aber Sie sollten mal über den kollektiven Zwang nachdenken und sich überlegen, woher solche Leute die Zeit nehmen, wenn sie eigentlich als erfolgreiche Menschen keine haben sollten und eigentlich sogar selbst zum Kollektiv gehören. Vielleicht schreiben sie, weil sie den Beruf wechseln wollen, aber vielleicht schreiben sie auch nur, um eine kostenlose Psychoanalyse zu kriegen, die sie womöglich sogar brauchen, obwohl eigentlich keiner eine bräuchte. Vielleicht ist ihnen auch einfach nur langweilig mit dem Erfolg und sie haben sich noch nicht selbst verwirklicht. Letzteres steht übrigens immer am Ende aller glückseligen Wege, die uns die großen Meister der Weisheit vorgehen:

Die wahrhaftige Selbstverwirklichung.

Was auch immer das sein mag, es klingt verdammt gut. Es klingt irgendwie nach *verwirken*, so als hätte dann alles keine *Wirkung* mehr und nicht zu existieren wäre ebenso relevant oder es hat etwas mit *Wirklichkeit* zu tun und man ist irgendwann mal *wirk-lich*, man *wirkt.* Wow. Ich hoffe nur, der Wortstamm ist nicht wir und es geht doch um uns alle dabei. Das wäre zumindest eine mögliche Erklärung für den Zwang.

Der verteufelte Glaube und gewusst wie

ICH weiß, dass dieses Buch keinen ins Auge hüpfenden Zweck hat, aber sie glauben mir noch nicht. Was, wenn ich Ihnen verspreche, dass ich nach diesem Buch kein weiteres mehr schreiben werde, selbst wenn es der größte Erfolg aller Zeiten würde (unter uns: es *wird* der größte Erfolg aller Zeiten, auch wenn es immer wieder anders behauptet werden sollte). Würden Sie mir als Gegenleistung dann vielleicht wenigstens ein bisschen glauben?

Der unabänderliche Erfolg dieses Buches hat nichts mit objektiven und subjektiven Bewertungen zu tun. Er bleibt zunächst relativ und dennoch der größte aller Zeiten. Kämen Sie damit klar? Angenommen, das Schreiben ist tatsächlich meine Berufung und es macht mir noch dazu Spaß, Erfolg und Anerkennung kommen kiloweise per Post und über das

Fernsehen und ich fahre völlig desinteressiert fort mit einer anderen Tätigkeit, gründe irgendeine Internet-Firma, werde wahnsinnig erfolgreich und schreibe dann drei Jahre später, wenn ich Titelblätter schmücke, subjektiv und objektiv anerkannte Bücher, die garantiert gelesen werden. Kämen Sie sich da verraten vor? Also mir würde es ganz schön stinken.

Ich habe HARRY POTTER nie gelesen, aber der Gedanke, nur ein Buch davon lesen zu können, muss furchtbar sein. Ich habe den HARRY übrigens aus Prinzip nicht gelesen und zwar wegen des bekannten PARETO-Prinzips (80:20 Regel). Sie wissen schon, auf 20% der Erdoberfläche leben 80% der Menschen oder 20% der Mitarbeiter machen 80% der Fehler und so weiter, je nachdem, wie genau man hinschaut. Ja, und da 80% der Weltbevölkerung HARRY POTTER gelesen haben, muss ja auch irgendjemand zu der 20%-Fraktion gehören. Jedenfalls ist das mit dieser kaum zu begreifenden Zwecklosigkeitsaussage eigentlich eine Glaubenssache. So richtig wollen Sie mir noch nicht glauben, aber das bin ich gewohnt. Sie haben möglicherweise bereits einen Glauben, z.B. den an JESUS oder den an das Gute im Menschen oder an was auch immer. Jedenfalls passt das, was ich hier schreibe, nicht in Ihr Schema und Sie glauben mir einfach nicht. Einfach so. Ohne guten Grund. Wenn Sie einer von den vielen Menschen sind, die an die Wissenschaft glauben und ich es Ihnen zweifelsfrei beweise, würden Sie mir dann glauben?

Das glaube ich gerne. Aber ich muss Sie enttäuschen. Damit würde ich Sie jetzt nur einfangen wie eine lahme Fliege und käme mir dabei nicht gut vor, weil ich wüsste, dass ich Ihren Wissenschaftsglauben missbraucht hätte, um wahren Glauben zu erhalten. Denn auch wenn man ständig liest „Es *gilt* als erwiesen, dass..." oder „Es *ist* wissenschaftlich bewiesen, dass...", liest man ebenso häufig „Die bisher einwandfrei gültigen Gesetze von NEWTON [der Apfel fällt, wenn er fällt, immer ziemlich schnell und stets zum Boden] gelten leider nicht so richtig für Raketenflüge...". Man braucht schon andere wissenschaftlich erwiesene Formeln, wenn man will, dass eine Rakete ein Schwarzes Loch umschifft. Wahrscheinlich ist sogar $E=mc^2$ falsch. Die Formel kam mir schon immer ein bisschen arg simpel vor. Sie gilt wohl in allen Fällen bis auf einen, den wir noch nicht kennen. Also, selbst wenn ich Ihnen hier nun „beweise" - was kein Problem wäre -, dass dieses Buch keinen sofort greifbaren Zweck verfolgt, hätten Sie keinen ultimativen Beweis. Sie müssten trotzdem selbst urteilen, mit allem was Sie - woher auch immer - haben (Wissen, Glauben, Hoffnung, Liebe, Wissenschaftshass, Atheismus, Alzheimer usw.) oder Sie urteilen gar nicht und machen es wie die Yogis, die da sagen „aha" und einfach weiterlesen oder auch nicht. Aber Sie sollten die Zweck-Sache ruhig auch einmal als Rakete betrachten.

Wenn Sie *wüssten*, dass ich ein echter Engel bin, hätten sie sicher kein Problem, mir zu glauben. Ich habe lange überlegt, wie ich dafür sorgen könnte, dass Sie es erfahren, aber mir fiel kein überzeugender Beweis ein. Denn Sie könnten ja, ganz gleich was ich sage, immer auch den Teufel dahinter vermuten, der es diesmal ganz besonders pfiffig anstellt. Es ist in jedem Fall eine verflixte Angelegenheit mit dem Glauben. Man kann sich ganz schön die Finger daran verbrennen. Egal, was man sagt. Es kann falsch aufgefasst werden. Stellen Sie sich nur einmal vor, Sie glauben an Gott und eines Tages kommt jemand ganz anderes und beweist Ihnen, dass es Gott nie wirklich gab. Und er würde es in einer Art und Weise beweisen, dass Sie kein an wissenschaftliche Beweise glaubender Wissenschaftler sein müssten und es dennoch glauben würden. Aua, oder? Das stelle ich mir schmerzhaft vor. So von einem auf den anderen Tag das komplette Weltbild zu verlieren, ist bestimmt nicht angenehm. Na ja, aber auf der anderen Seite habe ich das mit den Windeln ja auch gut überstanden. Machen Sie sich also, selbst wenn Sie schon erwachsen sind, keine Sorgen, wenn Sie in eine Weltbildkrise geraten. Man muss nur flexibel sein. Tragisch wäre es allerdings, wenn das neue Weltbild auch nicht viel taugt und es keine Windeln in Ihrer Größe gibt.

Glauben Sie mir jetzt, dass dieses Buch wirklich keinen nahe liegenden Zweck verfolgt? Sie könnten es versuchen, Ihr Weltbild muss deswegen nicht unbedingt komplett aus den Fugen geraten. Sie könnten weiterhin Sport treiben und in die Kirche gehen. Aber besser, Sie lassen den Versuch mit dem aktiv Glaubenwollen, während Sie Sport treiben oder in die Kirche gehen, sonst wird mir dieser Vorschlag nachher noch mit irgendwelchen rhetorischen Raffinessen als „Zweck an sich" ausgelegt.

Sie haben sich sicher schon gefragt, warum ich immer von *Zweck* und nicht von *Ziel* spreche. Na, das ist schnell erklärt: Es ist nicht das Gleiche! Ziele *will man haben* und *hat* sie dann und Zwecke sind einfach so da. So ähnlich wie mit dem Glauben. Entweder man will den Glauben haben oder man hat ihn irgendwann irgendwie oder er ist einfach so da. Da dieses Buch nun keinen zielgerichteten Zweck haben will, brauchen Sie auch keinen Glauben wirklich haben wollen. Es reicht, wenn er einfach so da ist.

Biotech.com... - wir wollen doch alle nur gesund werden

Es gibt zwei Gründe, in diesem Buch auch einmal etwas weiter auszuholen. Erstens ist es manchmal nicht so leicht, Übergänge zu finden zwischen Themen, die nur kaum erkennbar miteinander zu tun haben, und zweitens kann es ja ruhig auch einmal ausschweifende Übergänge geben. Aber ich mache es kurz.

Was, glauben Sie wohl, ist der Grund, warum es die Pharmaindustrie noch gibt? Genau. Weil wir alle gesund werden und ewig leben wollen. Oder? Nein. Das ist wohl eher der Zweck, mit dem sich die Pharmaindustrie legitimiert. Richtig gesund wurde mit einem Medikament oder einem Medikamentencocktail noch kein Mensch oder kennen Sie überhaupt irgendeinen gesunden Menschen? Ich frage sogar noch schärfer: „Wie gesund soll er denn sein bzw. werden, der Mensch, der Pharmaka schluckt?“ Gesünder als der gesündeste Mensch, den Sie kennen oder jemals kennen könnten?

Stellen Sie sich nun mal einen Halbtoten und den gesündesten Menschen vor, den Sie kennen. Nehmen Sie sich einen Stift und ein Blatt Papier und überlegen Sie mal, wie gesund dieser Mensch ist und wie lange er demnach leben wird. Wenn er Ihrer Meinung nach absolut gesund ist, so hundertprozentig, dann müsste er eigentlich fast ewig leben, nicht wahr? Und ich bin sicher, aus Ihrer Sicht gibt es so einen Menschen, der so kerngesund und gut aussieht, dass man ihm nicht einmal zugesteht, jemals ein Buch gelesen haben zu müssen. Säuglinge sehen oft kerngesund aus, aber sie haben ja noch einiges vor sich. Aber schauen Sie Ihren gesunden Bekannten genauer an. Ist auch mit seinen Gedanken alles zum Besten bestellt? Hat er nicht vielleicht doch eine Quecksilber-Plombe im Mund, unentdeckte Schimmelpilze im Darm oder gar schon eine gefährliche Mutation im Darmkrebsgen oder noch viel mehr und alles zusammen? Wie alt ist er eigentlich? Könnte er, wenn nichts passiert, wirklich ewig leben?

Aber nein. Wir wissen ja alle, dass das gar nicht geht. Der Körper wird dahingerafft, noch bevor wir alle Bücher dieser Welt gelesen haben und das selten plötzlich, aber selbst mit allen Medikamenten dieser Welt schon auch manchmal plötzlich. Wir werden naturgemäß mit jedem Tag kränker und steuern auf den unvermeidlichen Krebstod hin, der, wenn kein anderer Tod dazwischenfunkt, jeden ereilen wird. Ach, das wussten Sie noch gar nicht? Stimmt ja auch nicht ganz. Krebs war vor ein paar hundert Jahren überhaupt kein Thema, weil ja doch immer irgendetwas passierte, meistens noch vor 45, bevor der Krebs kam. Und stimmt schon bald auch nicht mehr. In greifbarer Zukunft können wir nämlich Krebs wieder solange hinauszögern, bis nach 100, dass uns dann andere Krankheiten ereilen werden, wie z.B. Herzversagen, was nur halb so schlimm ist. Kein Mensch wird dann mehr von Krebs reden. Die Pharmaindustrie erforscht ja jeden möglichen Krebs in jedem möglichen Körpergewebe, sogar in jeder möglichen Zelle und wird für jeden individuellen Patienten das passende Medikament entwickeln. Die Medikamentenentwicklung wird in Zukunft für Peanuts zu haben sein, weil man ja mittlerweile den ganzen menschlichen Bauplan hat. Es muss sich ja auch in Zukunft jeder Patient diese Medikamente leisten können. Heute kostet eine Medikamentenentwicklung noch durchschnittlich 500 000 000 DM. Das wird schnell wieder eingespielt, weil es Breitbandwirkstoffe sind, die allen helfen, z.B. Antibiotika für alle, die mal ins Krankenhaus müssen - Antibiotika sind deshalb bezahlbar, weil sie jeder ständig braucht. In Zukunft wird eine Medikamentenentwicklung höchstens noch 500 000 DM kosten, also ein Tausendstel, so dass sie nicht mehr theoretische 10 000 000 Patienten brauchen, die 50 DM pro Schachtel Pillen für die Entwicklungskosten abtreten, sondern nur noch 10 000. Deshalb wird es in Zukunft viel mehr maßgeschneiderte Medikamente geben, die dann auch wirklich heilen und das so zielgerichtet und sanft, dass Kranksein kaum noch möglich sein wird. Sie fragen sich, woher die Einsparung bei der Medikamentenentwicklung kommt? Ganz einfach: Die ganzen klinischen Tests an Tieren und Menschen fallen weg, weil man ja heute rational entwickeln kann, mit dem Bauplan des Menschen in der Hosentasche. Die Tiere und Menschen können alle freigelassen werden. Das ist ja das Tolle. Es wird funktionieren und es gibt nur Gewinner. Sie werden schon sehen. Es geht kaum ein Weg daran vorbei und deshalb wird alles gut.

Heutzutage müssen wir ja leider noch schleichend degenerieren und die Pharmaindustrie schafft es immer irgendwie, auch bei sehr alten Menschen, einen Stein im großen Straßennetz der Schleichwege herauszufinden und diesen zielgenau zu bombardieren, damit man nicht gleich stirbt. Die Bombensplitter haut es Ihnen zwar in die Beine und die Steinsplitter sind danach auch nicht richtig weg, sondern liegen verstreut vor Ihnen auf den Wegen, aber Sie laufen einfach etwas langsamer, nehmen ein Medikament für die Wunden in den Beinen, aber es geht wenigstens weiter. Kann das der Grund sein, warum die Pharmaindustrie noch existiert? Natürlich nicht. So naiv könnte ja kein Endkunde sein. Nein, die Pharmaindustrie existiert ausschließlich aus drei anderen Gründen. Erstens, weil wir die große Heilungszukunft nach funktioneller Aufklärung des entschlüsselten menschlichen Erbcodes ja erst noch vor uns haben, und zweitens, weil es Ärzte gibt, denen der Endkunde ehrerbietig vertrauen kann. Die Medikamente werden nämlich über das Rezept des Arztes geheiligt und kein Mensch will sich da noch sorgen. Aber vor allem, und das ist der wichtigste Grund, wird die Pharmaindustrie von den vielen kleinen Biotech-Firmen am Leben erhalten, die ja wie Pilze aus dem Börsenparkett emporsprießen und für berechtigte Aufregung sorgen.

Na ja, stimmt so nicht ganz. Eigentlich ist es andersherum, je nachdem, wie man es betrachtet. In jedem Fall versprechen die Biotech-Firmen, dass sie die Steine auf den Wegen schon alle kennen, bevor wir Menschen uns überhaupt auf den Weg gemacht haben, und dass sie für die Pharmaindustrie maßgeschneiderte Torpedos entwickeln, die die Steine quasi in Luft auflösen, ohne die hässlichen Splitter zu hinterlassen (*quasi* ist übrigens ein prima Wort, das ich zum ersten Mal bei einem Ferienjob in der Fabrik gehört habe. Es wurde dort ständig verwendet und passt fast immer!). Na, also wenn das nicht elegant ist. Den Nebeneffekt, dass somit Ärzte überflüssig werden, weil nichts mehr geheiligt werden muss, wollen wir hier mal außer Acht lassen. Es gibt heute ja auch kaum noch Bauern oder Soldaten.

Aber was viel interessanter an dieser Geschichte ist, ist, dass sie gar nicht stimmt. Die ganze Geschichte mit dem Schleichweg und den Steinen ist frei erfunden. Sie hat natürlich nichts mit dem System Körper oder dem Bauplan zu tun. Ich habe nur mal so zum Spaß ein Bild erzeugt, dass übersichtlich darstellt, was Sache ist. Also in diesem Fall eher „was so nicht ganz Sache ist“. Und beim menschlichen Körper haben wir auch wieder das Phänomen, das wir schon kennen: Er hat nämlich ein bisschen Unschärfe im System, ein bisschen so, wie ein ständig herumzappelnder Fisch beim Unterwasser-Fotografieren. Lässt man die Blende zu lange offen, sieht es aus, als wären es mehrere Fische und alles ist ganz verschwommen und keiner versteht, was die Leber mit der Milz da eigentlich treibt. Für die Biotech-Firmen ist das natürlich super. Sie können für mehr Krankheiten Torpedos entwickeln, als es eigentlich gibt, und das tun sie weltweit auch noch gleichzeitig und heimlich. Da ist natürlich einiges am Köcheln. Und das Beste daran: Darüber gibt es keine Bücher. Hat keiner von den Leuten Zeit, eines zu schreiben? Na, das mit der Zeit hatten wir ja schon. Es hat natürlich einen ganz einfachen anderen Grund. Solange wir alle immer wieder gesund werden, wenn wir zum Arzt gehen, kümmert es uns herzlich wenig, was da so köchelt. Aber was, wenn es keine Ärzte mehr gibt und wir uns per Internet-Portal direkt bei Pharma.de einloggen und uns selbst beschießen müssen?

Die Chinesen fänden so etwas prima. Sie machen selbst den halben Tag Tai Chi und quälen sich Gesundheit in den Körper. Sie sind der Ansicht, dass man Gesundheit erhalten sollte, um gar nicht erst krank zu werden und dass man vor allem selbst dafür verantwortlich ist. Na, bin ich froh, dass wir unsere Biotech.coms haben. Wir können dann einfach Gesundheitstorpedos abschießen, noch bevor ein Stein auftaucht. Ganz eifrige Menschen werden das sogar so weit treiben wollen, dass sie noch gesünder werden als der gesündeste Mensch auf der ganzen Welt. Sie halten das für paradox? Es ist alles andere als paradox. Es ist der Grund, warum die Börse noch funktioniert.

Die Börse? Was hat denn die Gesundheit mit der Börse zu tun? Offensichtlich nichts, aber wenn man genau zwischen die Kurse schaut, kann man schon den einen oder anderen Supertorpedo entdecken, der einen Stein tatsächlich zu Energie verpuffen lassen kann. Hier kommen wir noch einmal kurz zum alten EINSTEIN (sein Name hat übrigens ursächlich nichts mit dem Steinmodell zu tun), nämlich zu der etwas arg simplen $E=mc^2$-Formel. Wenn wir sie korrekt anwenden, berechnen wir, dass die Torpedoenergie E auf der linken Formelseite, direkt die Masse m auf der rechten Formelseite erhöht, insbesondere wenn es ein Supertorpedo ist. Die Lichtgeschwindigkeit c^2 können wir getrost vernachlässigen, weil der Torpedo deutlich langsamer fliegt als mit Lichtgeschwindigkeit (1. Näherung). Was heißt das für den Stein? Er verflüchtigt sich natürlich schon, aber die Energie ist nicht weg und je höher die Ursprungsenergie des Torpedos war, desto schwerer wird zunächst der Stein. Dieser zerplatzt zu Vakuum und übrig bleibt einfach unheimlich viel virtuelle Restmasse, die sich im Körper breit macht, ohne sichtbar zu werden. Esoterisch gesprochen wäre das dann Krankheit.

Das hört sich nicht gut an, oder? Der aufmerksame Leser hat natürlich nachgerechnet und festgestellt, dass man die Lichtgeschwindigkeit nie ganz vernachlässigen darf, weil ja bei jeder medikamentösen Behandlung zeitgleich auch Licht über die

Augen aufgenommen wird. Die Zeitgleichheit jedoch relativiert den Lichtgeschwindigkeitsfaktor und macht ihn mehr oder weniger zu einer ordinären Eins. Deshalb habe ich ihn nicht mit betrachtet. In Wirklichkeit ist aber diese kleine mathematische Raffinesse der Grund dafür, dass Biotech-Firmen zu Recht erfolgreich sein werden. Übrigens genau wie Sie! Man kann nicht verlieren. Da müsste man sich schon ganz schön danebenbenehmen.

Glauben Sie denn, ich wollte mit diesem abwegigen, nicht so leicht nachvollziehbaren Exkurs in die Welt der Gesundheit etwas Konkretes bezwecken? Hey! Sie fangen an zu glauben? Das ist sehr gut. Ich bezwecke zwar nicht das, was Sie glauben, aber Sie fangen langsam an, überhaupt etwas zu glauben, oder? Hey. Das freut mich. Dieses Kapitel und speziell das Ende könnte man tatsächlich fehlinterpretieren. Ich suggeriere Ihnen, dass es mir um die Revolution des Gesundheitswesens geht, und bringe rhetorische Floskeln, um vermeintlich Kritik am westlichen Gesundheitssystem zu üben. Aber der Inhalt dieses Kapitels und alles, was zwischen den Zeilen schlummert, ist wirklich an den Haaren herbeigezogen. Das wird Ihnen jeder Arzt, Biowissenschaftler und die gesamte Pharmaindustrie bestätigen. Ich glaube ja in Wirklichkeit selbst an das alles, vor allem an die Sache mit dem Porsche. Im Großen und Ganzen funktioniert alles um unsere Gesundheit wie geschmiert und es geht ja auch gar nicht mehr anders. Stellen Sie sich mal vor, wir würden in Zukunft statt zur Arbeit zu gehen, auf dem BASF-Werksgelände Tai-Chi-Übungen machen. Na dann, gute Nacht.

Und wenn Sie aus gesundheitsbewusstem und finanziellem Eigeninteresse doch unbedingt tiefer in die Bio-Pharma-Ärzte-Welt eintreten wollen, nur zu, Sie können dabei nicht verlieren. Im Gegenteil. Es gibt kaum eine bessere Gewinnkombination.

Warum die Liebe besser ist als die Liebe

WELCHE ist wohl besser? - Was meinen Sie? Die Antwort steht wie immer in Ihren Sternen. Es ist jedoch allgemein bekannt, dass man die Liebe wohldosieren muss, damit die Sterne Recht behalten.

Angenommen, es gäbe so etwas wie endlose, tiefe Liebe, so wie sie immer wieder im Kino zu bewundern ist und uns unglaublich glücklich macht, solange wir uns in die Hauptdarsteller hineinversetzen. Wären wir dann nicht alle so tief mit allem verbunden, dass wir mit rosaroter Brille gar kein Buch mehr lesen könnten? Die Buchstaben würden doch verschwimmen und statt der i-Punkte hüpften kleine rote Herzen über das Blatt und aus dem Blatt heraus und uns direkt ins eigene Herz hinein, bis es ganz schnell proppenvoll wäre und es uns wieder zur Liebsten triebe, um sie mit all den kleinen i-Punkten überhäufen zu können. Glauben Sie im Ernst, LEONARDO DICAPRIO hatte auf der Titanic wirklich den Kopf frei zum Lesen eines nützlichen Buches?

Eine primitive rhetorische Frage, denn er war da ja immerhin frisch verliebt und jeder Mensch weiß, dass man sich in einer solch prekären Situation nicht wieder erkennt und alles anders ist. Wann kommt also der Zeitpunkt, wo er endlich wieder gute Bücher lesen kann? Wann hören die i-Punkte wieder auf zu hüpfen? Sie finden diese Frage vielleicht trivial, weil ja allgemein bekannt ist, dass die Liebe schleichend nachlässt, transformiert wird in tiefes Vertrauen, getrennte Wohnbereiche und Spülpläne und Sie sagen, es gibt da keinen Punkt? Wenn Sie das denken, haben Sie schon eine ganze Menge Unschärfe-Knowhow! Und ich würde Ihnen hier und jetzt gerne hundertprozentig bestätigen, dass Sie Recht haben, aber muss leider einräumen, dass alles auch ganz anders sein könnte.

Je mehr Unschärfe am Anfang vorhanden ist, desto schärfer wird nämlich das Ende. Das hat nun wieder etwas mit der PARETO-Regel zu tun (die 80:20 Regel), die hier allerdings eine besondere Ausnahme macht - Motto: keine Regel ohne Ausnahmen - und einen 100:0-Spezialfall ermöglicht. Wie das geht? Na, da will ich Ihnen mal eine Geschichte erzählen, die so unwahr gar nicht ist:

Am Anfang war überall, wohin Sie schauen konnten, Liebe ohne Ende (100 %), in etwa so, wie es im Himmel ist. Jeder Mensch war voller Liebe für seine Mitmenschen, so dass ein konstant hohes Maß an Zuneigung, Zärtlichkeit und zwischenmenschlicher Nähe vorhanden war. Kein Mensch kam auch nur auf die Idee, ein Buch zu lesen oder womöglich über diesen glücklichen Zustand zu schreiben. Und dann passierte etwas Sonderbares, eine Art Zufall. Zwei Menschen wurden durch einen Kometeneinschlag in einem paradiesischen Tal vom Rest der Menschheit abgetrennt. Der Einschlag war nicht so heftig wie damals bei den Dinosauriern, aber er hatte genug Power, um einen Berg abzuschlagen und den Rückweg durch das Tal zu versperren. Was jetzt kam, können Sie sich denken. Das ganze harmonische Miteinander erhielt natürlich einen empfindlichen Impuls. Die beiden abgetrennten Menschen liebten sich natürlich noch ebenso wie vorher und tauschten all die schönen Dinge aus. Aber es fehlte der riesengroße Strahlen-Akku, von dem sie sonst immer ein ganz klein wenig aufgeladen wurden: die gesamte Menschheit mit ihrem unermesslich großen Netzwerk der Liebe.

Es dauerte nicht lange, bis der Glückspegel bei beiden langsam absank und Arbeitsteilungspläne erstellt wurden usw. - Irgendwann zog sich einer der beiden zurück und schrieb ein Buch über die Liebe und dass sie eigentlich gar nicht wirklich existiert (0 %), sondern nur virtuell zwischen allen Menschen hin und her hüpft. In der Zwischenzeit wurde das Tal freigeräumt und man vereinigte sich wieder. Aber der Buchautor spielte nicht mehr mit und das Buch war erschaffen und es wurde von allen gelesen, die wissen wollten, was mit ihm geschehen war.

Ein trauriges Ende zwar, aber so schlimm nun auch wieder nicht. Es entstanden dann Unmengen von weiteren Büchern und Filmen über die Liebe, so dass es immer wieder einigen gelang, an die guten alten Zeiten anzuknüpfen und all die schönen Dinge zu tun. Regelmäßige Kinobesuche alle paar Wochen waren zwar nötig, aber was sollte man auch sonst tun? Vom Lesen alleine ist noch keiner zum Geliebten geworden.

Das war also mal ein prägnantes Beispiel dafür, wie ein Spezialfall auch mal sein kann, wenn nicht immer die Regel selbst regiert. Sie sehen jetzt auch deutlich, dass die Kapitelüberschrift etwas tückisch ist. Es gibt bei Lieben nämlich gar kein besser oder schlechter. Egal, was Sie geantwortet hätten. Sie hätten immer richtig gelegen und gewonnen. Es gibt die Liebe einfach entweder virtuell zwischen irgendwem oder sie wird durch Kinobesuche gefördert. Sie pendelt meistens irgendwo zwischen 80:20, wie alles andere auch. Man sollte sich also auf gar keinen Fall deswegen irgendwelche Sorgen machen. Sicher sind einige unter Ihnen, ich vermute mal mehr aus der 80er-Fraktion, die gerade keinen glücklichen Partner haben. Auch gut. Ich weiß nicht, ob ich gerade einen habe, weil ich nicht weiß, wann genau Sie dieses Buch lesen, aber daran sehen Sie schon, dass es eigentlich auch gar nicht so wichtig ist. Meine nächste Frau suche ich mir jedenfalls irgendwo unter den Reiki-Praktizierenden aus. Die können die universelle Liebe des Universums anzapfen. Wirklich. Ich habe das auch schon gemacht. Ist ungeheuer gut und wirkt wie ein moderner Strahlen-Akku, aber ich denke, man kann das Ganze noch verbessern, wenn man zu zweit absaugt. Man muss dabei nur noch einen Kanal zur Erde bilden, damit negative Energien von außen abgeleitet werden können. Ich verspreche mir sehr viel von einer solchen Partnerin. Man kann eigentlich nicht verlieren. Es ist alles im Fluss und die Reiki-Kraft ist unpolar. Und ich muss nur eines tun: Dafür sorgen, dass wir nicht verbrennen. Denn je nachdem, wer der Engel ist, kann es trotz Reiki zu einem schweren Disharmoniemuster kommen. Die Welt der Engel und deren Zeit ist nämlich der universellen Kraft übergeordnet und das ist besonders zu beachten in Zeiten, die nie mehr vorübergehen.

Die wirkliche Wahrheit offenbart sich in der Depression

EIN stets viel zu anstrengender Optimist und ein immer wieder nur zu bemitleidender Pessimist sitzen zusammen unter einem Baum, sehen sich die herumliegenden Äpfel an, vermeiden ein Gespräch über Äpfel und überlegen, was sie als nächstes tun sollen. Aua, oder?

Dieses Kapitel wird sich in den Schattenseiten des Daseins tummeln. Ich schreibe bewusst nicht, dass es sich damit beschäftigen wird, weil es sich so furchtbar altklug anhört. Ich habe nicht die geringste Ahnung, was eine Depression genau ist. Alles, was ich so darüber gehört habe, gibt mir keine klaren Hinweise, wann man sich noch als depressiver Optimist und wann als zufriedener Pessimist bezeichnen muss. Ich würde mich selbst wahrscheinlich als pessimistischer Optimist bezeichnen, aber was soll das? Bezeichnungen haben etwas so Dauerhaftes, das eigentlich überhaupt keinem Lebensprozess, geschweige denn einem Gesundheitszustand, richtig entspricht. Man sollte alle Namen einfach abschaffen und alles den „nicht greifbaren Zustand“ nennen. So wird man allem optimal gerecht und spart sich eine Menge Literatur. Deswegen tummeln wir uns einfach mal ein bisschen im Reich der Depressionen und stellen uns vor, dass es eigentlich etwas sehr Nützliches ist.

Jeder, der glaubt, schon einmal Depressionen gehabt zu haben und die hässlichen Schlagzeilen darüber liest, die fast schon depressiv zurückschwingen, sollte sich zunächst erst einmal nicht mehr sorgen. Es ist ohnehin ein nicht greifbarer Zustand. Anders die Wahrheit. Jeder weiß, dass sie subjektiv empfunden wird. Wenn Batman einen Apfel im Supermarkt sieht, nimmt er eine grüne Kugel mit Stil wahr, die sich optimal zum Baseball spielen eignen würde und der Fischer glaubt einen Köder für die Lachse entdeckt zu haben, hat nur etwas Bedenken wegen der Umweltverträglichkeit. So weit, so gut. Es gibt tausend andere Varianten, die im Hirn eines Apfelbeobachters ablaufen könnten. Jede dieser Wahrheiten ist aber irgendwie greifbar. Man kann Geschichten aufschreiben und sie eindeutig voneinander unterscheiden. Auf solche Wahrheiten kann man pfeifen. Sie haben keinen Wert und es ist müßig, über alle tausend nachzudenken. Es ist übrigens der Grund für das Buch „Männer sind anders, Frauen auch“. Man quält sich mit unterschiedlichen Wahrheiten von Männern und Frauen, bis die ganze Liebe wirklich zum Schauspielakt wird, und man plant, was man sagt. Ist der Mensch aber depressiv, nimmt er nun die wirkliche Wahrheit wahr, die hinter allem schlummert und sich dem Baseballspieler verbirgt. Was steckt wirklich hinter diesem Apfel?

Es ist nicht der Zweck selbst, der ihn da so lieblos liegend heiligt. Nein, es ist der Grund, warum er da überhaupt liegt, der zum Schlüssel für die eigentliche Wahrheit wird. Wie wir bereits wissen, liegt der Grund immer in der Kindheit und allem was davor war. Soweit müssen wir aber gar nicht gehen. Schon ein Ausschnitt der Wahrheit reicht, um ihre gesamte Tragweite ermessen zu können. Warum liegt nun also der Apfel da und warum liegt er nicht unter dem Baum, der ihn erschaffen hat, damit dort wieder ein neuer Baum erschaffen werden kann, um auch zukünftigen Menschen die Schaffung von Wahrheiten über Äpfel zu ermöglichen? In der Depression offenbart sich die Wahrheit nun vollends. Fragen Sie sich doch mal jetzt in einem nicht greifbaren Normalzustand, warum er da nun liegt! Ich möchte nicht wissen, was da für ein Unsinn herauskommt. Bitte entschuldigen Sie! Das ist nichts gegen Sie persönlich. Bei jedem kommt da Unsinn heraus. Es hat gar nichts mit Ihnen zu tun. Wirklich. Bitte, machen Sie sich bloß keine Sorgen. Aber wir brauchen ja jetzt nicht lange um den heißen Brei herumzureden. Ich kann Ihnen sagen, warum. Und es ist die absolute Wahrheit, wie Sie selbst in Ihrer nächsten Depression feststellen können:

Er wurde lieblos und ohne Reue von einer Apfelpflückmaschine aus den Händen seiner Mutter gerissen, in eine Kiste mit Fremden geworfen und dann mit bitter klebrigem Glanz besprüht, damit ihn jemand kauft, verschleppt und schließlich kaltblütig zerfleischt.

Erst die Depression ermöglicht uns diese Sichtweise. Ich bin sicher, dass Sie in Ihrer nächsten noch ein bisschen mehr über die Wahrheit des Apfels herausbekommen als ich hier beschreiben kann. Es geht ja in diesem Kapitel nicht um harmlose Äpfel oder scheußliche Depressionen, sondern um Äpfel, die mit Zweck herumliegen und dennoch nicht bezwecken, was sie sollen. Und wenn sie sich noch ein bisschen weiter in den Depressionen tummeln möchten, fragen Sie sich doch spaßeshalber einfach mal nach der Wahrheit, die hinter einem Ihrer Bücher steckt, das mit vermeintlichem Zweck in einem Kaufhausregal neben seinen Freunden stand, von welchen Sie es getrennt haben, und das nur, um seine Seele zu analysieren!

Sie sollten es nicht jetzt gleich tun. Das bringt nicht viel. Warten Sie bis zu einer Depression. Die Unzeiten zwischen den Jahren eignet sich da immer ganz gut. Dann kommt die Offenbarung ganz von selbst und unverfälscht.

Sie könnten sich auch fragen, welche Wahrheit dahinter steckt, dass Sie da gerade herumsitzen und dieses Buch lesen und sich über die Wahrheit jenseits der Depressionen informieren. Aber ich will Ihnen nicht zuviel zumuten. Hinterher kommen Sie nie wieder aus ihr heraus, weil Ihr Wahrheitsdurst unermesslich groß ist. Und womöglich wäre es dann auch noch mein Verschulden. Nein, nein. Besser wir vergessen das ganz schnell und hoffen, dass die Lachse anbeißen.

Die Heilung, die wir alle ein bisschen brauchen

KOMMEN wir nun also lieber zu den wirklich positiven Dingen des Lebens. Da wir alle gesund sein wollen, mindestens so gesund wie unser Nachbar - diesen Gedanken wollen wir aber jetzt nicht konsequent zu Ende denken -, müssen wir Energie aufwenden. Wie jeder weiß, strebt jedes Ding im Weltall automatisch in Richtung Unordnung, sogar das Weltall selbst. Und da es schon ganz schön unordentlich ist, zumindest aus der Sicht Gottes, breitet es sich unaufhörlich aus, so wie ein Stapel Papier, der sich langsam über Ihren Schreibtisch verteilt und irgendwann hinten herunterfällt. Wenn man nun z.B. ein Herz aus Glas fallen lässt, entstehen wie von selbst 1 000 Scherben, und wenn die Hände mit ihm Spiel waren, sind die auch noch kaputt. Der umgekehrte Prozess geht nicht von selbst. Man muss verdammt lange kleben und es wird nicht mehr so ganz das Herz, dass es mal war, aber man kann es tun. Die Finger vergessen wir mal. So etwas heilt von selbst. Möglich ist alles und das ist ja das Gute. Man muss keineswegs ohne seinen geliebten Glasgegenstand weiterleben, man kann ihn heilen und damit sich selbst. Übertragen auf unsere Gesundheit bedeutet das:

Kleben, Kleben, Kleben, denn wir sind täglich Unmengen von schädlichen Einflüssen ausgesetzt, angefangen von der Nahrung (vergiftete Äpfel) bis hin zur Er-Nährung (Kaffee, Fett und Zucker bei gleichzeitigem Liebeseinfluss). Man nährt den Körper mit Dingen von außen, obwohl das nach dem Prinzip der Selbstverwirklichung in den weisen Lehren gar nicht nötig sein soll. Liebe braucht man ja offensichtlich auch nicht von außen. Das würde ja gar nicht funktionieren. Wo sollte sie denn auch herkommen? Man kann sie nur geben und das Echo ab-warten, allerdings nicht er-warten! Erwarten darf man gar nichts, man kann nur abwartend auf irgendein virtuelles Netzwerk hoffen, das einen im Glücksfall nicht ausschließt. Jedenfalls braucht man ja doch immer irgendwie etwas von außen, also vergessen wir mal die weisen Lehren. Die Nahrung brauchen wir zur Energieversorgung, damit der Körper nicht zum Verwesungsobjekt für hungrige Bakterien wird, Liebe brauchen wir zur seelischen Versorgung, ja, und Bücher für die geistige. Dann ist alles in einem perfekten und absolut stabilen Gleichgewicht und man darf sich getrost als geheilt betrachtet.

Halt! Das war wohl etwas schnell und oberflächlich. Wenn es so einfach wäre, bräuchten wir ja hier kein Kapitel verschwenden.

Also, bei der Nahrung ist alles klar: Man muss nur Eiweiß-Shakes mit Obst kombinieren und mengenweise Magnesium, Kalium, Selen drüber streuen und dazu auch noch etwas lebendiges Gemüse und zusätzliche Vitalstoffe zuführen, damit der Körper den Cocktail auch akzeptiert. Dann werden wir 120 Jahre alt und bis dahin bleiben wir für immer jung. Das habe ich gelesen. Und es ist wahr, so wahr wie alles andere, was es gibt. Ich glaube es ganz fest und tue es. Wir steuern also willentlich die Zufuhr von Rohstoffen, die unseren Körper erhalten und natürlich den Geist, der ja darin wohnt und mit Hormonen und Büchern erst so richtig Spaß an allem hat. Ja und die Seele mit der Liebe. Hmm, das habe ich auch nicht so ganz verstanden. Die hängt irgendwo dazwischen und kann gar nicht mehr anders als tiefes Glück empfinden. Falls es doch irgendwie klemmen sollte, hilft man mit positiver Autosuggestion nach, die um so besser funktioniert, je fitter der Geist vom Essen ist.

Auch in dieser Herangehensweise, die ungeheuer pragmatisch ist und für jeden funktioniert, ist keinerlei Liebe von außen notwendig. Die Liebe entsteht durch diesen Ernährungsgesamtprozess spontan und wird impulsiv nach außen gegeben. Wenn alle mitmachen würden, hätten wir schon bald wieder das ganze virtuelle Netzwerk zusammen. Der Begriff „Heilung“ wird dann obsolet und nur noch in Geschichtsbüchern zu finden sein.

Wenn man dann tatsächlich topfit 120 Jahre alt werden will, muss unglaublich viel meditiert werden, weil man sonst das Rentenalter auf 105 anheben müsste, damit das irgendwie funktioniert. Das kann ich jetzt nicht alles im Detail erklären, aber in der Meditation benötigt man keine Nahrung mehr, lässt ab von irdischem Kaufzwang und erzeugt keinen Umweltschmutz. Man erkauft sich sein hohes Alter einfach mit Abwesenheit. Zumindest sieht das von außen so aus. Natürlich lebt man während der Meditation erst so richtig zur vollen Blüte auf. Man träumt von hellem Licht, dass alleine viel schöner ist als die Glückshormone, die einem ja eigentlich nur etwas suggerieren, das gar nicht da ist. Waren Sie denn schon einmal so richtig euphorisch? Man kommt sich danach nämlich schon etwas lächerlich vor. Vor allem, wenn dann irgendwann die Wahrheit ans Licht kommt. Indem man aber beim Meditieren selbst im Geiste Licht erzeugt, braucht man keine Depressionen mehr. Ungeheuer effizient. Man braucht nicht mehr die Wahrheit zum Licht zu bringen, sondern bringt das Licht zur Wahrheit!

Das ist übrigens die einzige Methode, um ohne Depressionen Wahrheit zu erleben. Ja... er-leben. Ich schreibe bewusst „erleben", denn der Weg des externen Heilungsprozesses, also das alltägliche Leben mit den Glückshormonen ist ja zunächst nur Suggestion. Es wird ja nicht er-lebt, sondern ge-lebt. Das ist etwas ganz anderes. Während man aktiv lebt, kann man sowieso nicht gleichzeitig er-leben. Stellen Sie sich das doch mal vor! Sie müssten gleichzeitig einen Brief schreiben und er-leben, was es heißt, einen Brief zu schreiben. Je mehr sie er-leben, desto langsamer wird Ihr Schreiben, und je flinker sie schreiben, desto mehr ist Ihr Geist mit Wort- und Satzbildung beschäftigt. Es gibt natürlich auch da wieder einen Schwellenwert, so eine Art Picosekundentaktung, die dem Gehirn suggeriert, dass beides gleichzeitig abläuft, das Tun bzw. Leben und das Er-leben. Manche schaffen das und zählen wohl zu den glücklichsten Menschen des Weltalls. Alle anderen müssen erst durch die Suggestionsmühle, um dann in ihrer Vorpensionierungsphase von 65 bis 105 in der Meditation zu versinken. Nach dieser Zeit ist alles im Gleichgewicht. Jeder sollte absolut verwirklicht sein und die restlichen 15 Jahre eine angenehme Rentenzeit verbringen. Was man dann noch tun will, bleibt jedem selbst überlassen. Man hat die totale Willensfreiheit ohne Schicksalszwänge. Da Heilung überflüssig ist, steht weitermeditieren oder Kreuzfahrt zur Auswahl.

Aber hätten Sie gedacht, dass man Heilung auch ganz anders erfahren kann? Es geht alles noch viel einfacher, als es für Sie den Anschein haben mag. Buchen Sie einfach eine Reise bei Astral Ventures. Das kostet Sie keinen Pfennig und es gibt Licht ohne Ende und das für immer.

Die 17 Gründe, die keine sind, und es noch nicht einmal traurig finden

So langsam haben Sie sicher jenseits eines zu bestimmenden Zweckes ungefähr erahnt, worum es in diesem Buch wirklich geht. Ich vermute, dass es sich nicht jedem sofort erschließt und viele Passagen und der Gesamtzusammenhang einer gewissen Konfusion nicht entbehren. Das ist keine Absicht, ließ sich aber nicht vermeiden. Sie müssen sich aber noch nicht als Versager fühlen, nur weil sich Ihnen das komplette Bild noch nicht erschließt. Keiner von Ihnen wird versagen. Ich verspreche es und werde hundertprozentig dafür sorgen. Aber wer bisher gut aufgepasst hat, müsste der Wahrheit so nach und nach schon das eine oder andere Krümelchen herausgepopelt haben.

Für alle anderen, die noch an ihren Vorurteilen festhalten und diese womöglich für richtige Urteile halten, möchte ich eine Entschuldigung aussprechen, die glücklicherweise jeden unmittelbar entlastet: Vorurteile sind das Normalste auf der ganzen Welt. Machen Sie sich also keine Sorgen, wenn Sie immer noch in einem alten, womöglich sogar selbst erarbeiteten Beurteilungsprozess verweilen und lieber vermeiden wollen, noch mehr Beobachtungen mit in die Wertung einzubeziehen. Vorurteile sind hundertprozentig legitim und das an sich hat schon einen enormen Wert. Denn was ist in dieser Welt schon hundertprozentig außer der bedingungslosen Liebe?

Es gibt genau 17 wahre Gründe für dieses Buch und keiner trifft zu. Ich werde nun ein Beispiel herauspicken und genauer erörtern. Dann können Sie auf die anderen 16 Gründe extrapolieren und sich Ihr Vorurteil noch einmal durch den Kopf gehen lassen, um es dann entweder zum qualifizierten Urteil zu promovieren oder für immer aus Ihrem Gehirn zu verbannen. Ich will es dann aber auch nie wieder hören.

Nehmen wir also einen der am nächsten liegenden Gründe der siebzehn:

> *1. Ich schreibe mir hier so allerlei Erkenntnisse und sonstige Gedanken entlastend von der Seele und hoffe durch die Veröffentlichung auf Interesse, Anerkennung und schließlich Heilung durch die Menschen, die ich damit belästige.*

Das ist zwar ein absurder Gedanke, aber ich möchte nicht wissen, wie viele Autoren mit solcher Motivation sogar mehr als ein Buch geschrieben haben, und ich möchte nicht wissen, wie viele ihr ganzes Leben damit vergeuden und sich für ein anerkennendes Schulterklopfen abrackern. Und sie vergeuden nicht nur ihr eigenes Leben, sondern auch das der Leser, die versuchen, die Thematik des Buches irgendwie und irgendwo im eigenen Geist zu projizieren, um es auf Nützlichkeit zu überprüfen. Sie er-leben gerade nicht etwas Ähnliches wie das, was sie da lesen, sondern sie projizieren gerade Hirngespinste eines anderen.

Die Dinge jenseits der Worte schleichen sich über Ihren Geist irreversibel in Ihr Geist-Seele-Körper-Kontinuum und Sie werden nie wieder derselbe Mensch sein. Das ist so, als wollten Sie mit der Liebe ihres Lebens eigentlich einen Spaziergang in der Abendsonne machen, entscheiden sich aber kurzfristig doch dazu, ins Kino zu gehen, und da erwischen Sie aus Versehen die falsche Tür und es läuft „Spaziergang in der Abendsonne", ein Film, in dem ein Liebespaar bei einem Strandspaziergang in der Abendsonne von einem Rudel Wölfe zerfleischt wird. Sie sind natürlich heilfroh, dass es nur ein Film ist, aber ungleich froher, nicht spazieren gegangen zu sein. Verstehen Sie, was ich meine? Autoren, die mit egoistischen Motiven schreiben, vergeuden Ihr Leben. Denn wer ist bitte schön jemals von einem Rudel Wölfe mit der Liebe seines Lebens zerfleischt worden? Und selbst wenn, spazieren gehen muss nicht in der Zerfleischung enden, und wenn ich Sie vom Spazierengehen abhalten wollte, dann ganz sicher nur, damit ich selbst in

Ruhe spazieren gehen könnte. Um dieses Ziel viel leichter zu erreichen, würde ich aber eher einem Fernsehsender eine 24-h-Live-Cam-Show verkaufen, in der ich nackt am Strand spazieren gehe, mit einer propellerbetriebenen Kameraführung, die ständig im Kreis um mich herumfliegt und hin und wieder einmal heranzoomt, wenn mehr als 1 000 000 Zuschauer gleichzeitig anrufen, um ein Körperteil auszuwählen. Dann ist ganz sicher keiner mehr unterwegs und ich kann in aller Ruhe spazieren gehen.

Bei diesem Buch ist es also wirklich ganz anders. Die Dinge, die sich in Ihr Geist-Seele-Körper-Kontinuum einschleichen könnten, liegen nämlich jenseits der letzten Seite. Ich rechne zwar mit wirklichem Interesse, weil es ja um Ihren Erfolg geht, aber ich brauche keine Anerkennung, weil ich sowieso weiß, dass ich nicht schreiben kann wie Franz Kafka und nicht annähernd so viele Lebensläufe zu erzählen hätte wie Dale Carnegie und Heilung durch Menschen braucht in Wirklichkeit kein Mensch, auch wenn das immer und immer wieder anders behauptet wird. Die totale Heilung gibt es sowieso nur in der Theorie und sie kostet das Leben. Und die Menschen heilen immer nur sich selbst, auch wenn es oft anders aussieht. Ich werde nun zwar mit diesem Buch ungewollt die Menschheit retten, aber selbst dafür wird mir keiner danken, weil es keiner merken wird. Ich glaube, die Bibel hat auch nicht gleich jeden von den Socken gehauen. Und irgendwelche Trostpflästerchen, nette Kritiken oder Leserbriefe haben noch kein inneres Kind oder irgendwelche Schatten geheilt, höchstens gefüttert. Und je intensiver das Lob würde, desto größer wäre der Zwang weiterzumachen. Das wird dann schnell zum eigenen, inneren Zwang, der einen glauben lässt, man wäre eventuell dazu berufen und müsste immer weiter diesen Weg gehen. Ich mache ja nach diesem Buch erst einmal Feierabend vom Schreiben, eben genau deshalb, weil ich meiner Berufung auf den Grund gehen muss. Ich werde das ganz alleine mit meinem Schicksal als Freund und dem Zufall als Berater entscheiden, aber ganz sicher nicht von der potentiellen Anerkennung irgendwelcher Leute abhängig machen, die eigentlich nur sich selbst heilen wollen. Das Ergreifen eines Berufs ist übrigens für das Entdecken seiner Berufung schon ein wirklich konstruktiver Anfang. Also gründe ich beispielsweise im Namen der Weltheilung einfach eine Stiftskirche oder eine Online-Bank und gehe ganz andere Wege, stets im Gefolge wahrer Werte. Immer nur einen bestimmten Weg zu gehen, wäre ja außerdem sowieso völlig sinnlos. Freiheit heißt, Impulse schicksalsorientiert und willensstark umzusetzen. Die Vielfalt und die Möglichkeit zur freien Entfaltung gibt dieser Welt doch erst die wahre Würze. Wer festhält und klammert, ist fast schon selbst Schuld. Und wenn ich nun also doch die Anerkennung bräuchte und immer weiterschriebe, so würde mich eines Tages, wenn ich 105 bin, jemand fragen, warum ich denn eigentlich soviel geschrieben hätte. Dann müsste ich kurz nachdenken und sagen: „Warum nicht, es war doch ein guter Weg, nicht besser und nicht schlechter als jeder andere...", aber insgeheim wäre es mir wahnsinnig peinlich und ich müsste verschämt daran denken, was ich alles falsch gemacht hätte und wie die anderen Rentner nach jahrelanger Meditation putzmunter Kreuzfahrten buchten.

Sie sehen also, dass ein Seelen-Outing und die Jagd nach Anerkennung für mich nun wirklich kein Grund sein kann, ebenso wenig wie die anderen 16 Gründe nun wirklich überhaupt keine Gründe wären. Es ist diesmal alles anders. Es kann ja auch nicht immer alles gleich sein. Wo kämen wir denn da hin?

Die göttliche Eingabe und der kegelnde Jesus

GLAUBEN Sie an Gott oder so etwas? Falls ja, dann wissen Sie wohl, was es heißt, *bedingungslos* zu glauben, und ich würde mich freuen, wenn Sie mir wenigstens *bedingt* glauben könnten. Wenn Sie zu den Menschen gehören, die nicht an Gott glauben, könnten Sie versuchen, wenigstens *mir* zu glauben. Ich stelle keinerlei Ansprüche und versage Ihnen kein Leben nach dem Tod, egal, wie Sie sich entscheiden. Sie müssten nur glauben, sonst nichts.

Ich wünschte, ich könnte an Gott glauben. Ich glaube manchmal, ich kann gar nicht glauben. Klingt paradox, wo ich doch scheinbar schon irgendwie glauben kann, aber eben nicht an Gott. Das heißt nicht, dass ich nicht göttliche Eingebungen erhielte oder ihn nie gesehen hätte. Keine Frage. Ich kenne Gott sogar sehr gut. Dieses Buch ist z.B. durch eine seiner Eingebungen entstanden. Mir ist alles per Lichtstrahl in den Kopf geschossen. Ehrlich. Kein Spaß. Ich bin Auto gefahren und konnte mich deswegen gar nicht mehr auf den Verkehr konzentrieren. Eigentlich lebensgefährlich, was bei solchen Eingebungen manchmal abläuft. Aber es war eine gute Sache. Es ging rasend schnell. Ich weiß deshalb, dass es eine göttliche Eingebung war, weil ich eigentlich gerade daran dachte zu überholen. In meinem Gehirn war wirklich gerade nicht viel Aktivität außer Rückspiegel-Check und Blinker setzen. Und ich wette, dass es Gott war, den ich noch lächelnd im Rückspiegel erahnen konnte, der mir da hineinfunkte und beinahe einen Unfall provozierte. Eine plausible Alternative dazu wäre, dass die Kombination der beiden Überholmanöver-Prozesse mit irgendwelchen Gehirnzelltoden links hinten korrelierte, wodurch dann der entscheidende Impuls für einen chaotischen, kreativen Prozess in Gang gesetzt wurde. Ist lächerlich, oder? Eben. Deswegen bin ich ja so sicher, eine göttliche Eingebung empfangen zu haben. Und es ist ja nicht die erste. Jetzt seien wir doch mal ehrlich, welcher Weltklasse-Autor hat denn überhaupt ohne den göttlichen Funken geschrieben? Der einzige, den ich kenne, der ohne Funken geschrieben hat, ist JEAN-PAUL SARTRE, ein Philosoph, der auch ohne Funken unbedingt schreiben musste. Er hat sich alles selbst ausgedacht und sich sogar frech durch das Schreiben des Buches „Der Ekel" in die eigene Ewigkeit hineingemogelt, weil er wohl vermutete, dass er es nicht in den Himmel schaffen würde. Mich würde interessieren, ob Gott darauf hereingefallen ist. Na ja, vielleicht war es ja doch auch ein göttlicher Funke und Sartre kann zu allen anderen eingereiht werden. Gott soll ja angeblich unergründlich sein in seinen Wegen und anhand des Inhaltes eines Buches sollte man auf nichts schließen. Wäre es nicht auch irgendwie seltsam, wenn ich, der ich ein Buch mit göttlichem Funken schreibe, die Botschaft nicht herüberbringen könnte, während Sartre eigenmächtig losmarschierte und die gesamte Weltbevölkerung mit seinen Gedanken infiltrierte? Wenn ich angefunkt wurde, wurde es ganz sicher auch Sartre.

Trotzdem habe ich meine Bedenken, an Gott zu glauben. Was, wenn ich es tatsächlich könnte? Ich wäre wohl schon im Leben heilig. Das wäre eine feine Sache und Gott hätte mit mir ein echtes Schnäppchen gemacht. Übrigens glaube ich ja doch an ihn. Man soll ja nicht so pauschalieren. Ich habe sogar jahrelang immer wieder intensiv mit ihm verhandelt und ihn schon in seinen Unterhosen gesehen. Meine spirituelle Entwicklung erlebt auch heute wieder eine Renaissance und wahre Ekstasen, wenn ich mir das alles so vorstelle. Durch die Koaggulation vieler Lehren, Religionen, Glaubensrichtungen und des Existentialismus selbst glaube ich sogar, in der Schnittmenge den wahren Gott gefunden zu haben. Es blieb nämlich außer ihm nicht viel übrig. Der Rest wirkt nach der klassischen Mengenlehre, die ja jeder Erstklässler kann, wie der Firlefanz in den äußeren Kreissegmenten. Gott ist einfach da und so ähnlich wie Licht, irgendetwas Unpolares jedenfalls. Ich glaube, man kann so etwas schon als wahrhaftiges Glauben bezeichnen und ich schäme mich dafür keineswegs. Gewusst habe ich es natürlich nie, sonst würde ich ja richtig daran glauben. So wie Naturwissenschaftler alles richtig glauben, was sie wissen. Sie wissen über ihre Gesetze und Regeln und bräuchten eigentlich gar nicht zu glauben und sie nennen es auch nicht so. Alles, was bewiesen ist, muss man ja nicht mehr glauben. Sie tun es trotzdem immer mal ganz gerne, weil manchmal ja Wahrheiten zu Lügen werden, wenn es neue Erkenntnisse gibt.

Ich glaube sehr wohl an Gott und dann eigentlich doch irgendwie wieder nicht so. Und wegen dem „eigentlich doch irgendwie wieder nicht so“ habe ich am Anfang geschrieben, dass ich nicht an ihn glaube. Richtiges Glauben sollte nämlich nicht zwischen Da-sein und Weg-sein hin und her hüpfen und einen ungebührlichen metaphysischen Touch erhalten. Impulsivität ist bei einer so wichtigen Angelegenheit nicht wirklich chic und bringt keinen Nutzen. Pfarrer sagen zwar, man muss konsequent glauben, sonst bleibt einem das ewige Leben versagt, aber das glaube ich nun wirklich nicht. Wer behauptet so etwas einfach?

Wenn ich mal ehrlich sein soll - und das sollten Sie ruhig auch einmal, weil es wirklich am längsten währt, muss ich doch zugestehen zu glauben, dass alle, die so wahnsinnig intensiv an Gott glauben, genauso sehr daran glauben wie ich. Sie glauben nur, dass Zweifeln an der Obrigkeit unangebracht ist und sie finden Impulsivität nicht chic und sind deshalb so furchtbar rigoros in ihren Ansichten und lieben ihren Glauben mehr als Gott. Gesehen hat ihn außer mir kein Mensch. Das hat er zumindest behauptet. Es würde mich schon auch sehr wundern. Es war nämlich alles andere als einfach, ihn mal zu Gesicht zu bekommen. Selbst wenn man ihn öfter einfach mal so sehen könnte, z. B. beim Einkaufen oder als JESUS beim Bowling, wie wäre man sicher, dass es keine arglistige Täuschung ist? - Gar nicht. Man kann nie sicher sein. Es ist prinzipiell unmöglich. Es bedarf einer gewieften Strategie und man muss schon ein bisschen clever sein. Heutzutage werden Leute ja sogar mit fliegenden Untertassen auf den Arm genommen. Da macht sich doch auch irgendein reicher Schnösel einen Mords-Jux und die Leute laufen verängstigt herum und glauben an fliegende Untertassen. Wahnsinn, oder? Was darf man eigentlich überhaupt noch glauben und was glaubt man, wenn man schwören könnte, ihn gesehen zu haben und dummerweise keinen Film im Apparat hatte?

Das sind existentielle Fragen, die ich nie erörtern wollte. Es schadet aber gar nicht. Was immer Sie da glauben, es ist jedenfalls alles dasselbe. Schön, wenn Sie Ihre eigenen Bilder haben, auch schön, wenn Sie keine haben und deshalb nicht glauben können.

Wer da jetzt pikiert ist und zu Hause herumtobt wie einst Rumpelstilzchen, weil das Glaubens- oder das Atheistenprogramm felsenfest steht oder man ihn doch gesehen hat, sollte sich zunächst einmal fragen, warum er so tobt. Und wer nicht tobt, Hut ab.

Evolutive Sackgassen, die nur in der Phantasie existieren

WAS war Ihrer Meinung nach zuerst da, die Henne oder das Ei? Schwierige Frage, denn wenn es das Ei war, muss es ja von einer Henne gelegt worden sein. Es ist unwahrscheinlich, dass Gott ein Ei auf die Erde geworfen hat.

Wir brauchen keinen Hehl daraus zu machen. Homosexuelle, sterilisierte Feministinnen, Transvestiten und impotente Männer sind die wahren Gewinner. Ich habe bewusst nicht „Verlierer“ geschrieben, weil das der Sache genauso wenig gerecht würde. Man könnte zwar argumentieren, dass eines Menschen Existenz nur dann akzeptabel ist, wenn er der Macht der Gene folgt und deren Fortbestehen gewährleistet, sprich: Das eigene Erbmaterial mit dem eines heterologen Subjekts rekombiniert, damit die Gene „weiterleben“ können. Denn sie waren ja immerhin zuerst da. Erst viel später kam die Hülle. Entgegen landläufiger Meinung zur Henne-Ei-Problematik, bei der immer keiner so genau weiß, was eigentlich zuerst da war, wissen wir heute dank der Wissenschaft, dass es jenseits von Adam und Eva eine Evolution gab. Die Evolution ist ein riesengroßes Kräfteparallelogramm mit Quadrillionen von Dimensionen und dennoch weiß kein Mensch, wohin sie uns führt, aber wir wissen, dass sie uns führt. Und deshalb ist auch klar, was zuerst da war, nämlich weder Ei noch Henne. Zuerst war da nämlich das Gen, zumindest so etwas Ähnliches, eine Art Gen-WG, irgendeine Seilschaft Genfreunde, die zusammen eine Wohnung bezogen und sich auf Biegen und Brechen klonieren wollten. Um das immer und immer wieder zu tun - damals gab es noch keine Gesetze, die das verboten - ließen sich die Gen-WGs viele Tricks einfallen, wie sie sich vor feindlichen Übernahmen oder Hausbesetzungen schützen konnten. Einer der hübschesten Tricks, auf den man erst ziemlich spät kam, sind übrigens Blondinen.

Die Gene haben nur die Rechnung nicht mit dem Wirt gemacht. Der liebe Gott hat nämlich der Hülle „Mensch" einfach einen Seelengeist mitten hinein gequetscht, irgendwo zwischen Gehirn und Körper und weit weg von den Zellkernen, in denen sich die Gene tummeln. Und dieser Seelengeist will unabhängig von den Genen etwas ganz anderes, z. B. „keine Kinder". Da kommt natürlich ein riesengroßer Konflikt auf und als Resultat entsteht eine evolutive Sackgasse.

Wer keine Kinder will, sie nicht zeugen kann oder einen homologen Partner hat, steht evolutionsbiologisch im totalen

Abseits. Auch Mogeln hilft da nicht und Adoption wäre unter diesem Gesichtspunkt arglistige Täuschung. Oder noch krasser: Man adoptiert womöglich den Säugling einer hübschen Dunkelhaarigen, die sich heimlich kahl rasierte und ihren Säugling mit der rotgefärbten Perücke einer skalpierten Blondine anpreist? Das käme ja schon fast einer Evolutionsmeuterei gleich. Man könnte den Wunsch nach Kinderlosigkeit auch als seelischen Verrat am eigenen Wurzelchakra bezeichnen. Stellen Sie sich das mal vor! Ihre Gene machen für Sie fast alles, was so geht, geben sich mit all ihrer Kreativität wirklich richtig viel Mühe und was ist der Dank? Sie üben Verrat. Kein Grund, sich jetzt zu entschuldigen. Es ist ja weder gut noch schlecht.

Wer ist nun aber langfristig stärker? Der Seelengeist oder die Gene?

Natürlich der Seelengeist. Die Gene hatten von Anfang an keine Chance. Sie haben es früher schon einmal bis zu den Dinosauriern geschafft, aber dann kläglich versagt. Dinosauriergene galten damals als die besten auf der ganzen Welt, weil sie die größten und stabilsten Hüllen hatten. Es ist aber auch für sie nicht gut gelaufen und Dinosaurier hatten *keinen* Seelengeist so wie der Mensch. Gott fand sie etwas steif und traute ihnen nicht zu, eines Tages Kirchen zu bauen. Der Seelengeist des Menschen, der sich nun strikt weigern sollte, Kinder zu erzeugen, wird natürlich siegen, weil er unglaublich viel Zeit damit verbringen kann, den Rest der Welt (Eltern und vergleichbare Mainstream-Gruppierungen) von allerlei tollen Dingen zu überzeugen, mit denen er zielgerichtet deren Seelengeist umprogrammiert. Und so wird der Seelengeist der Freigeister weiterleben. Der andere Seelengeist, der der Väter und Mütter, die keine Zeit für geistliche Überlieferungen an die Menschheit haben außer den nötigsten Erziehungsmaßnahmen, wird mit der virtuellen Evolution jenseits der Gene nicht mithalten können. Er wird sich im Windelnwechseln verflüchtigen und später bei Sportschau und Bier nicht wiederkehren. Geist ist ja bekanntlich zeit- und ortsunabhängig aktiv. Ist nun also eher das Überleben der Körperhülle die relevante Evolution, wenn also Familie Müller erfolgreich ihre fünfzigste Generation an Sprösslingen auf den Acker schickt, oder geht es uns Menschen nicht vielmehr um die Entwicklung unserer Kultur mit den vielen geistreichen Errungenschaften, die für immer bleiben?

Einige wissenschaftlich orientierten Freigeister versuchen sogar im Reagenzglas die Wege der Evolution nach nützlichen Kriterien zu lenken, weil sie es nicht mit ansehen können, dass Dreijährige Brillen tragen und Menschen vor ihrem hundertzwanzigsten Lebensjahr sterben müssen. Diese Menschen meinen es nur gut, bringen der Menschheit sicher mehr als der Bauer, der sein Gemüse und Fleisch sowieso nicht mehr los wird, seit alles vergiftet und infiziert ist. Die wirklich guten Wissenschaftler, denen der Sinn zum Kinderkriegen Gott sei Dank fehlt, haben in mühsamer geistiger Arbeit Wege gefunden, die Quadrillionen Dimensionen der Evolution auf vier bis fünf zu reduzieren. Das geht heute mit riesengroßen Computernetzen und ein bisschen

Software. Evolutive Sackgassen müssen dann nicht mehr sein und unsere Enkelkinder werden sich totlachen über die Dinosaurier, die dem erstbesten Kometeneinschlag zum Opfer fielen, nur weil ihre Gene nicht auf die Umweltveränderungen eingerichtet waren. Es wird in Zukunft für jeden Menschen etwa zwei Milliarden Mikroampullen mit hocheffektiven Gentherapeutika geben, die man als Arm- oder Fußreif immer bei sich tragen wird. Bei einer irgendwie gearteten Änderung der äußeren Einflüsse, z.B. bei einem Kometeneinschlag, einem Atomkrieg, einer tödlichen Virusinfektion oder in ferner Zukunft bei der Explosion der Sonne, wird eine dieser Ampullen, ferngesteuert von einem in Ihrer Kopfhaut implantierten Umweltanalysechip, innerhalb von einer Millisekunde in den Körper injiziert. Die injizierte Substanz löst dort sofort eine hormonelle Kaskade zur gezielten Genmodifikation in allen Körperzellen aus. So werden Sie unmittelbar resistent gegenüber den aktuellen Umwelteinflüssen, die Ihnen nach Körper und Seelengeist trachten. Das Ganze ist natürlich viel komplizierter, weil ja auch die Abfolge von Umweltereignissen bei der Genmodifikation eine Rolle spielt. Das wird aber alles simuliert und auf dem Chip gespeichert sein. Ich will darüber jetzt eigentlich gar nicht mehr sagen. Das sind noch geheime Forschungsprogramme. Aber es soll Ihnen ein Gefühl vermitteln, dass der Geist heute schon der genetischen Evolution weit voraus ist. Kein Mensch braucht bald noch natürliche Fortpflanzungswege. Niemand muss noch geduldig einen Generationswechsel abwarten und hoffen, dass die Menschheit in der Zwischenzeit nicht ausstirbt, und das womöglich noch in Zeiten, da Kinderkriegen noch nicht einmal in Mode ist.

Wenn man sich das einmal so in der Summe und in seiner wie immer hervorragend funktionierenden Totalität betrachtet, erkennt man sofort, dass alles, was man über dieses Thema so hört und liest, reine Fiktion ist. Die ohnehin ungern gepriesene Evolution der Menschheit existiert nur in unserer Phantasie, genauso wie die evolutiven Sackgassen. In Wirklichkeit gibt es nur Überleben und Kulturwachstum. Je nachdem, wie man es betrachtet. Man könnte hier auch von Zeiten sprechen, die schon vorüber sind. Vielleicht haben die Zeiten sogar überhaupt nie angefangen. Es ist unter diesem Gesichtspunkt sogar gut und irgendwie beruhigend, dass es auch Zeiten gibt, die nie mehr vorübergehen.

Trotzdem ist es von großer Bedeutung, sich darüber klar zu werden, welche Art von Evolution man selbst bevorzugt. Nur davon hängt es ab, ob man die Dinge richtig bewertet, wenn man so etwas für nützlich hält. Wird man sich nicht darüber klar, urteilt man wie jemand, der ein Lehrbuch über Evolution gelesen hat oder wie jemand, der gar nicht genau weiß, was das eigentlich mit ihm zu tun haben soll. In beiden Fällen manifestiert sich erneut das Böse, das sich aber gerne einmal davonschleicht, wenn es brenzlig wird.

Die Traurigkeit ist nicht so traurig, wie sie aussieht

WENN Menschen traurig sind, sieht man es ihnen im allgemeinen deutlich an. Der Kopf ist leicht geneigt, die Mundwinkel hängen ebenso schlaff herunter wie die Augenlider und die Stimme quält sich mit lähmender Monotonie von Wort zu Wort. Der Teufelskreis kann beginnen.

Einen solchen Menschen sollte man nicht nur nicht aufmuntern, man sollte ihn vor allem nicht bemitleiden. Beide Varianten generieren noch mehr Leid in der Welt. Entweder beim Traurigen, für den Aufmunterndes nur noch mehr Qual bedeutet, oder für den anderen, der, wenn er *mit* leidet, ja noch *zusätzlich* leidet. Man nennt letzteres übrigens auch die Traurigkeitspotenzierung, eine hässliche Welle, die beispielsweise in Krankenhäusern zum totalen Zusammenbruch der Idee des Heilens führen würde. Stellen Sie sich nur vor, ein Arzt hätte Mitleid mit einem dreizehnjährigen Mädchen, das sterben wird, weil sie sich vor Liebeskummer die Pulsadern aufschnitt, sich nach der Rettung in einen Krankenhauspfleger verliebte, der sie hässlich fand und ihr einen kühlen Korb gab, sie deshalb aus dem Fenster sprang und nun innerlich am Verbluten ist. Der Arzt, der sie danach mit ungebrochenem Liebeskummer und höllischem Bauchweh weinen sieht, muss natürlich völlig gelassen bleiben. Wenn er mit leiden würde, könnte er nicht nach zwei Minuten ans Nachbarbett gehen, um dort einen krebskranken Sechsjährigen freundlich nach seinem Befinden zu befragen. Trüge er das Mitleid mit zum Sechsjährigen, würden sich dessen Leiden sofort verstärken. Seine geschwächte Psyche würde dem Krebs nicht länger standhalten und er würde über Nacht neue Metastasen bekommen und noch vor dem Frühstück sterben. Es funktioniert also nur, wenn man die Traurigkeitspotenzierung verhindert. In dem Krankenhausbeispiel wäre übrigens die erste Variante, das Aufmuntern, unmittelbar tödlich für alle drei. Das Mädchen würde sich entweder in den Arzt verlieben und ersticken, sobald er sich zum Nachbarbett dreht, oder sie würde anfangen zu lachen, wobei ihr das Blut zum Mund herausliefe. Ja, und der Arzt könnte dann nicht direkt zum krebskranken Sechsjährigen gehen, so dass dieser an seiner Existenz zweifeln und sofort metastasieren würde. Der Arzt würde glauben, Ärger mit den Eltern zu bekommen und womöglich seinen Job zu verlieren und sich sofort Luft in die Halsschlagader spritzen, woraufhin die Verliebte zur Mumie erstarren würde, nachdem ihr Herz explodiert und ihr Körper durch immense Wärmeverluste auf Minusgrade abgekühlt wäre.

Was tut man also mit Traurigen, damit man kein Fiasko anrichtet? Nicht bemitleidendes Trösten funktioniert natürlich, wenn man die richtigen Worte findet und ein ehrliches Maß an Zuneigung geben kann. Aber das kriegen, wenn überhaupt, nur Mütter mit den eigenen Kindern einigermaßen hin. Für jedermann praktikabel ist jedoch die totale Isolation des Traurigen. Im Ernst. Der Traurige merkt dann schnell, dass seine Gefühlsäußerungen in Gesicht und Stimme total sinnlos sind, weil sie sowieso niemand sieht. Es dauert keine zwei Tage und der Ausdruck ist wieder ganz der alte und der Traurige darf unter Vorbehalt und auf Bewährung zurück zu den Menschen. Sein Lächeln wirkt anfangs noch ein bisschen hölzern und sein Kopf sitzt noch nicht astrein auf dem Hals, aber durch das positive Feedback der Außenwelt erfolgt die vollständige Heilung. Die noch vorhandene innere Traurigkeit wird mit lustigen Witzen, spaßigen Trinkfesten und fröhlich durchtanzten Nächten in andere Hirnareale verschoben, wo sie mehr oder weniger unbemerkt erst einmal liegen bleiben kann. So weit, so gut. Die Resozialisation des Traurigen ist geglückt.

Die neue Heimat der Traurigkeit wird nun fast immer eines der Hinterstübchen des inneren Kindes, welches ja nur ab und zu mal auf sich aufmerksam macht, aber im Großen und Ganzen ein recht unbeachtetes Dasein fristet. Gesellt sich allerdings die Traurigkeit zum inneren Kind, passiert etwas Sonderbares. Mit einer entsprechenden Empfänglichkeit der inneren Kinderzimmer, durchläuft die Traurigkeit eine Metamorphose zur Meta-Traurigkeit, auch Weltschmerz genannt. Äußerlich ist zwar alles bestens, aber ist es nicht traurig, dass aufgrund einer einzigen Traurigkeit innerlich und unbemerkt gleich die ganze Welt beweint wird, nur wegen der verflixten Teufelskreise, die alles nur noch schlimmer machen?

Ja, es ist schon irgendwie traurig. Aber immer noch besser als überhaupt keine Traurigkeit. Wir wissen ja heute, dass es wegen der Yin-und-Yang-Problematik ohne die Traurigkeit keine Fröhlichkeit gäbe. Und wenn man sich jetzt die Welt als Ganzes ansieht, z.B. die USA, dann wird sofort klar, wie harmlos die Meta-Traurigkeit eigentlich ist. Das ist übrigens auch sogleich der Grund, warum ich von dieser Yin-und-Yang-Gleichgewichtsphilosophie nicht sonderlich viel halte, weil sie ebenso aussagekräftig wie unaussagekräftig ist. Ich kenne nämlich Leute, die bei nachlassender Fröhlichkeit, z.B. nach jahrelangem Skifahren, einfach auf ein Snowboard umsteigen oder bei nachlassendem Spaß am Sex einfach den Partner wechseln. So bleiben sie immer fröhlich und pfeifen auf Yin und Yang. Die Chinesen würden sich über diese Aussage jetzt sicher brüskieren und krampfhaft nach irgendetwas Yin bei diesen Yang-Menschen suchen. Jedoch vergeblich. Je länger sie suchen, desto mehr Yin bauen sie bei sich selbst auf, und so passt es dann auch wieder im gesamten Weltgefüge. Die Snowboarder sind ihr Leben lang Yang und die Chinesen, die sich darüber aufregen, bis zur Rente eben Yin. Selbst Schuld, oder? Sie meditieren dann als Rentner den Weltschmerz einfach ins Nichts hinaus, wo ihn wirklich niemand mehr stört. Und die Traurigen sind nun die einzigen Menschen auf der Welt, die im Gleichgewicht zwischen Yin und Yang leben. Aber das auch nur wegen der Resozialisation. Sie wären ja wegen der Weltschmerzproblematik schon eher Yin-Typen. Mit der Mischung aus virtuellem Weltschmerz, den am Ende ja auch die Chinesen irgendwie abkriegen, und der Resozialisation sind es die einzig wahren Glückspilze dieser Erde.

Mir ist da übrigens zu den Snowboardern doch noch ein kleiner Denkfehler eingefallen und ich bin mir jetzt gar nicht mehr sicher, was ich von denen halten soll. Sie haben zwar Fröhlichkeit und Yang ohne Ende, aber der Carving-Ski ist leider keine überzeugende nächste Spaßstufe, die den Yang-Level oben hält. Und wenn heute ein Snowboarder seinen Spaß verliert, muss er immer riskantere Sprünge wagen. Da kann es natürlich leicht passieren, dass es ganz aus ist mit Yin und Yang und er gleich ins Kontinuum transluziert. Ich könnte mir jedoch sehr gut vorstellen, dass solche Funboarder mit dem Kontinuum so ihre Probleme hätten. Je nachdem, wie es da so zugeht, könnte dort auch ein gigantischer Flüssigstickstoff-Yin-Strom auf sie warten, der ihr Yang spontan erstarren lässt. Sie wären dann in diesem Zustand unbeweglich und gefühllos und könnten dem paradiesischen Treiben nur zusehen. Ich weiß nicht genau, ob es dort im Jenseits wieder Yin und Yang oder nur noch ausgeglichene

Traurigkeit gibt oder ob man der Welt als Snowboarder tatsächlich ein Schnippchen schlagen kann.

Wir sollten uns aber nicht zu sehr mit Yin und Yang verzetteln. Lassen Sie sich damit von anderen auch bloß nicht auf den Arm nehmen. Man kann die Dinge immer auch verzerrt betrachten und die Gespräche mit den Chinesen wirken trügerisch überzeugend. Einerseits ist es irgendwie bewundernswert, wie sie immer alles sofort ins Schema einpassen können, aber sie versuchen klammheimlich mit ihrer coolen, desinteressierten Gleichgewichtsnummer Ihnen ihr Yin aufzudrücken. Das ist das eigentliche Geheimnis dahinter und nebenbei bemerkt eine gemeine Sache. Viele Philosophien der Menschheitsgeschichte sind weniger scheinheilig, aber gerettet haben sie auch noch niemanden. Wer nicht gewappnet ist, kommt möglicherweise nicht damit zurecht, und dann ist der Ärger groß.

Die Traurigkeit ist, wie wir gesehen haben, nicht so traurig, wie sie aussieht, denn ohne den Weltschmerz der Meta-Traurigen gäbe es nicht soviel Spaß auf der Erde. Man muss sich nur entscheiden, ob man Chinese sein will oder Pappnase.

Perfektionisten-Reiten und zweimal aufgebackene Brötchen

PERFEKTIONISTEN sind wie Pferde. Man reitet sie, aber würde sich nie von ihnen reiten lassen.

Haben Sie schon einmal Ihren Bäcker gewechselt, weil er ausgerechnet zu Ihrer Lieblingseinkaufszeit um 7:30 Uhr die aufgebackenen Brötchen vom Vortag angeboten hat? Vielleicht kennen Sie das: Sie gehen bewusst frühzeitig, damit Sie nicht mit einer Horde hungriger, noch ungewaschener Menschen anstehen müssen und es im Laden vor Futterneid nur so knistert und gequältes „Morgen....“-Genuschel die Stimmung nicht viel besser macht. Sie wollen die Brötchen und Croissants noch warm und frisch duftend, knusprig und goldgelb. Auch Sie würden natürlich gerne länger im Bett herumlungern, aber Sie gehören zu den Menschen, die einen Tag gerne perfekt beginnen, damit er eine reelle Chance hat, auch perfekt zu enden, und dafür muss man schon ein bisschen was tun. Man gewinnt dem Leben etwas ab, indem man sich bemüht. Und dieser egoistische Bäcker verdirbt Ihnen den ganzen Tag, weil er das Gleiche für sich und seinen Tag versucht. Wenn er zuerst alte Brötchen aufbackt, kann er nämlich dreißig Minuten länger schlafen und startet seinen Tag gleich viel frischer. Hat er ein Recht, Ihre Lebensfreude durch seine spontane Eigeninitiative so massiv zu bedrohen?

Das ganze sieht nach einem Dilemma aus. Langfristig kann das nicht funktionieren und einer muss verlieren. Was denken Sie, wer verlieren wird? Der Bäcker? Weil er seine Kundschaft verlieren wird und so oder so wieder um 3:30 Uhr aufstehen muss? Das wäre nahe liegend, nicht wahr? Aber er ist nicht der einzige der bei dieser Sache nicht gewinnen kann. Auch Sie haben keine Chance auf einen perfekten Tag, selbst wenn Sie frische Brötchen kriegen. Das brauche ich eigentlich gar nicht weiter zu erläutern. Es versteht sich ja von selbst. Also vergessen Sie ihre frischen Brötchen und belassen Sie es lieber bei der Vision! Hier und jetzt ist immer ein guter Anfang und es wird allerhöchste Zeit. Sorgen Sie lieber dafür, dass der Bäcker Sie glücklich anlächelt und Ihnen, wenn Sie auch lächeln, vielleicht ein noch warmes aufgebackenes Brötchen heraussucht. Das ist alles, was Sie erwarten dürfen. Anders würde nichts mehr funktionieren. Wenn Sie einmal eine Kerzenmeditation durchgeführt hätten, wüssten Sie, was ich meine. Perfektionisten verbrennen beim Meditieren innerlich, während Sie das Licht der Kerze erst vor dem geistigen Auge, dann tiefer im Körper und zuletzt im Sonnengeflecht wahrzunehmen suchen. Das Sonnengeflecht, Ihre innere Mitte, ist normalerweise ruhig und besonnen, aber es kann auch Feuer fangen und das ist tödlich. Mir ist das passiert, obwohl ich kein wirklicher Perfektionist bin und meine Brötchen sowieso immer aufbacke, weil sie dann eine krosse Kruste bekommen und viel besser schmecken. Man sollte sie, selbst wenn man sie frisch bekommt, immer noch einmal aufbacken, am besten 5 min. bei 200 °C, nicht länger, da sie sonst zu dunkel werden. Also jedenfalls habe ich mich innerlich tödlich verbrannt, weil ich mir die Kerze zu intensiv vorgestellt habe. Es war für einen Moment nichts anderes in meinem Geist bzw. in meinem Sonnengeflecht als die Kerze. Ich wusste nicht, wie gefährlich es ist, sich so intensiv auf etwas einzulassen. Es ist auch beim Meditieren besser, wenn man es nicht zu ehrgeizig angeht und doch mal den einen oder anderen Gedanken zulässt. Als ich das schmerzlich gelernt hatte, wurde mir sofort klar: Wenn man um 7:30 Uhr als Erster beim Bäcker steht und einen perfekten Tag beginnen will, sind die Gefahren einer Verletzung größer, als wenn man gemütlich um 9 Uhr auftaucht und nimmt, was man kriegt.

Der Perfektionismus ist eigentlich pervers und in Zeiten der Unschärfe, die mittlerweile ja in allem steckt, nicht mehr praktikabel. Vielleicht ging das damals in Preußen noch, aber heute weht ein anderer Wind. Wir sollten uns immer fragen, wozu wir ihn praktizieren. Wenn wir einfach nur einen perfekten Tag erleben wollen, kann man das nämlich auch anders haben.

Es reicht dann, sich einen Perfektionisten für eine bestimmte Zeit zu leihen. Natürlich nur für einen Tag oder eine Woche, sonst wird es problematisch und manchmal sogar richtig anstrengend. Perfektionisten fangen nämlich gerne auch einmal an, in Dingen herumzufuhrwerken, die sie gar nichts angehen. Sie dürfen trotzdem niemals etwas an ihnen kritisieren, das irgendwie mit ihrem Wirkungskreis zu tun hat. Kritik transformiert sie entweder zu Supermenschen, die dann wirklich unsympathisch werden, oder es zerbricht ihr Herz. Aber machen Sie das doch einmal mit dem „Homo Perfectico“ für einen Tag. Realisieren Sie sich einfach einen wunderschönen Traum, für den Sie - außer einem freundlichen Lächeln in regelmäßigen Abständen - nicht die geringste Mühe aufbringen müssen. Sie legen Ihren Tag nur ganz in die Hände eines Perfektionisten. Das Beste an der Sache ist: Perfektionisten erwarten von Ihnen rein gar nichts zurück. Sie sind die genügsamsten und schönsten Pferdchen, die Sie reiten können. Perfektionisten sind zufrieden, wenn sie einen perfekten Tag zustande bekommen. Ihnen reicht ein gutmütiges Lächeln der Anerkennung. - Aber jetzt noch ein Geheimtipp: Am meisten holen Sie heraus, wenn Sie morgens noch vor dem Aufstehen sagen, dass Sie befürchten, der Tag könne langweilig werden. Was glauben Sie, was dann los ist? Sie haben kaum ein Bein aus dem Bett, sind noch leicht schläfrig, können aber schon den Kaffee riechen, der Ihnen neben einem gepellten Sechsminuten-Ei und einem warmen Toast mit zerlaufener Butter, frisch gebrüht, serviert wird. Das ist freilich nur zur Anregung gedacht. Der Frühstückstisch ist ein Gedicht, dessen Poesie dieses Kapitel hinwegtragen würde. Es geht ja nur um's Prinzip. Wenn Sie das verstanden haben, kann ich guten Gewissens das Thema wechseln.

Ach... eines noch: Perfektionisten verstehen natürlich nicht, dass Sie am Ende eines Tages oder einer Woche keinen Bedarf mehr an Faulenzen und Energietanken haben und denken, sie hätten etwas falsch gemacht, wenn Sie sich von ihnen verabschieden. Das muss man natürlich verhindern, um sie los zu werden. Die neigen ja dazu, immer alles wieder gutmachen zu wollen. Versichern Sie ihnen, dass weder ihre bezaubernde Persönlichkeit noch die wunderschöne Zeit der Grund für Ihre Weiterreise ist. Sagen sie einfach, das Schicksal hätte Sie woandershin geführt und Sie seien gezwungen, sich zu fügen. Das versteht jeder Gaul. Muss man ja nicht an die große Glocke hängen, dass wir diese ungeliebten Menschen ab und zu mal für unsere Zwecke ausnutzen. Je mehr davon herumtraben, desto besser, oder? Also immer daran denken: Freundlich anerkennend lächeln und mit Eleganz wieder aus dem Staub machen. Geben Sie ihnen jenseits des Lächelns niemals Liebe. Das tötet ihren Perfektionsdrang. Sie werden dann genauso faul wie Sie und konkurrieren womöglich mit Ihnen um einen anderen Perfektionisten. Wenn wir da alle gemeinschaftlich denken und uns an die Regeln halten, haben wir alle etwas davon und noch viel Spaß mit den Perfektionisten. Reiter werden immer ein geeignetes Pferd finden und die Pferde immer wieder eine neue Herausforderung, die sie meistern dürfen.

Gruppendynamische Prozesse, wie man sie nutzt und sich gleichzeitig davor schützt

SIND Sie auch schon einmal in eine Situation geraten, aus der Sie das Beste machen mussten? Man gibt ja nicht immer sein Bestes, aber manche Situationen beflügeln einen zu Höchstleistungen.

Um meine Steuerlast zu senken, entschied ich mich für Fortbildung. Ich verdiente leider so ungeheuer viel, dass der Staat mich dazu zwang. Die Fortbildung würde zwar meinen Marktwert weiter erhöhen und das Problem langfristig verschärfen, aber man lachte mich mit meiner Steuerlast bereits aus und ich hatte Angst, durch zu viel psychologischen Gegenwind innerhalb der Firma gefeuert werden zu müssen. Da brauchte nur einer mal so richtig Lunte gerochen zu haben und dann käme schnell eines zum anderen. Zunächst gelte ich wohl nur als etwas naiv, dass ich mich nicht um meine Steuerlast kümmere, dann bin ich womöglich generell desinteressiert an finanzieller Optimierung und schließlich würde man mir nachsagen, ich sei unfähig und wüsste gar nicht, wie man so etwas überhaupt zu bewerkstelligen hätte. Soweit wollte ich es gar nicht erst kommen lassen und sah mir deshalb das VHS-Programm an. Ich fand sofort das Richtige. In einem Wochenendkurs sollte es um „Bioenergetik" gehen. Ich dachte, dass das Finanzamt „Bio" mit meinem Job assoziieren würde und „Energetik" klang modern und für mich genau passend. Ich fühlte nämlich schon immer, dass eigentlich noch viel mehr in mir steckt.

Also nahm ich teil und besorgte mir einen schönen Kugelschreiber, einen Block und neue Batterien für meinen Palm-Piloten. Ich schreibe gerne immer alles gleich ins Digitale, damit ich anschließend nicht so viel Papier auf meinem Schreibtisch herumliegen habe und womöglich auf die Idee komme, Perpetua Mobili zu bauen, die Dinger, die niemals stehen bleiben. Der Block und der Kugelschreiber waren nur zur Tarnung gedacht, damit die anderen Kursteilnehmer nicht denken müssten, ich sei ein Angeber. Außerdem helfe ich den Menschen gerne aus, wenn es irgendwo klemmt, und so habe ich immer allerlei Sachen dabei, die ich selbst gar nicht brauche. Eine soziale Ader, um die mich keiner beneidet.

Als ich dort eintraf, war ich jedoch schon etwas irritiert und erkundigte mich, wo denn das eigentliche „Bioenergetik"-Seminar stattfinden sollte. Eine etwas arg zart besaitete junge Dame lächelte freundlich ökologisch und sagte, ich sei hier genau richtig. Es war leider zu spät zum Gehen, denn ich befand mich in einem großen Zimmer, das aussah wie eine kleine Turnhalle und alle liefen mit Wollstrümpfen herum und blickten mich verwundert an, so dass ich, von ihren Blicken gefesselt, weder vor- noch zurückkonnte. Da vermutete ich zum ersten Mal, dass ich den Block vielleicht gar nicht brauchen würde.

Ich hatte also einen Kurs gewählt, in dem ich der einzige männliche Teilnehmer unter dreizehn Frauen war, und es war überhaupt kein Seminar, sondern so etwas Ähnliches wie Gefühlsausdruckstanz und Gruppentherapie. Wenn das Finanzamt davon wüsste.

Ich will es kurz machen, weil ich dabei etwas ganz anderes lernte. Ich lernte etwas über den gruppendynamischen Prozess und wie er Menschen zu Schauspielern macht, damit sie nicht in die Gruppe müssen. Die Kursleiterin, eine sehr lebendige und fröhliche Frau mit Hang zu tief durchdringenden Blicken, war eigentlich Psychotherapeutin und wollte in dem Kurs unbedingt auf ihre Kosten kommen und interpretierte Bioenergetik völlig anders als ich. Bio stand bei ihr eher für Psyche und Energetik für Disco. So wurde jeder nach einem Ringeltanz zunächst dazu überredet, von sich zu erzählen und - mein Gott kamen da krasse Geschichten zu Tage.

Eine dunkelhaarige Frau hatte sich schon einmal umgebracht und wusste selbst nicht, warum sie noch lebte und wozu schon gar nicht. Eine blond Gefärbte wurde möglicherweise von ihrem Vater, Opa und Uropa missbraucht. Jedenfalls brachte sie auf die Frage hin kein Wort mehr heraus. Das war natürlich ein gefundenes Opfer, um bioenergetische Übungen vorzuführen. Die Frau weinte so heftig, dass ich mir die Ohren zuhalten wollte, aber gesagt hat sie trotzdem nichts. Ich glaube aber, es ging ihr hinterher ziemlich gut, denn sie lächelte wieder genauso nett wie vorher. Weinen ist eine gute Sache an sich. Wenn man sich als Gegenüber die Ohren zuhält, geht der Schmerz direkt ins Universum. Eine andere, die keine Freunde hatte, sorgte dafür, dass eine Liste herumging, auf der man sich mit Namen und Telefonnummer eintragen konnte. Glücklicherweise kann ich Schach spielen und kombinierte, dass die Angabe einer falschen Telefonnummer nichts brächte, weil ich ja, falls sie anrufen sollte, einfach nicht ans Telefon zu gehen bräuchte. Meinen Namen konnte ich sowieso nicht mehr ändern, weil ich schon ein großes Namensschild auf der Brust kleben hatte. Sie rief später übrigens gar nicht an, sondern schrieb mir, weil sie trommeln konnte und dachte, das würde gut zu meiner Gitarre passen. Harmlos. Es war gut, dass ich ehrlich war. So brauchte ich mir dafür keine Schuld aufladen. Getrommelt haben wir nie. Und das war auch gut.

Jedenfalls waren alle Geschichten grausam und es gab viele Tränen. Dann kam ich dran. Nun ja, was sollte ich sagen? Ich konnte schlecht allen die Stimmung verderben und erzählen, dass ich aus steuerlichen Gründen scheinbar im falschen Kurs gelandet war. Also erinnerte ich mich in Sekundenbruchteilen an einen traurigen Kinofilm, den ich einmal gesehen hatte, klebte noch etwas Kreatives dazu und erfand spontan, eigentlich während des Redens, eine Geschichte, die sich gewaschen hatte. Es war die größte Leistung, die ich je ohne vorheriges Üben vollbracht hatte. Mich überrascht heute noch die Konsistenz der gesamten Darbietung und die daraufhin errungene Glaubwürdigkeit, die mir in dieser Reinheit bisher immer versagt geblieben war.

Ich erzählte also mit tiefer, aber zittriger Stimme - ich war ja von den anderen Geschichten schon etwas gebeutelt -, dass ich vor vier Wochen hätte heiraten sollen, aber die Verlobte mich gar nicht liebte und das wohl nie getan hätte, und deshalb kurz vor dem Standesamtstermin mit Sack und Pack verschwand, mir einen schönen Urlaub wünschte und ich während der Flitterwochen zu Hause saß und weinte. Nach meiner Rückkehr zur Firma hätte ich so krank ausgesehen, dass sie mir fristlos kündigen mussten. Wegen des Imageverlustes und der wachsenden Gruppendynamik, die sie gefährdet sahen. Sie hätten sich sowieso schon wegen meiner Steuerlast die ganze Zeit nicht so wohl gefühlt. Dem nicht genug, erfand ich auch noch ein hässliches Nachspiel, das ich angeblich gerade einen Tag vor dem Seminar erfahren haben sollte. Und zwar steckten die Firma und die Verlobte unter einer Decke. Ich habe dann aber noch rechtzeitig die Kurve gekratzt und nichts mehr vom Teufelspakt und den seelenlosen Geistern erzählt. Und das war auch gut so. Ich beendete meine Geschichte mit einem tiefen Seufzer und einem freundlichen Lächeln. Mir ist in der Kürze nichts Besseres eingefallen, aber die Frauen waren begeistert. Sie fanden meine

Offenheit, meine starken Gefühle (ich hatte ja vom Weinen erzählt) und meine dort gezeigte männliche Gefasstheit faszinierend und wollten jedes Detail meiner Story ganz genau wissen und fanden alles ganz schrecklich bewegend. Die Psychotherapeutin hat dann noch herausgefunden, dass mein Vater mir charakterlich sehr ähnlich ist und mir früher wohl sehr viel abverlangte, weil er sich möglicherweise selbst immer zuviel abverlangt hatte und ich ausgerechnet während meiner Pubertät zum wöchentlichen Straßekehren eingesetzt wurde, was scheinbar meine Persönlichkeitsentwicklung dramatisch veränderte, weil wir ein Eckhaus hatten. Mein Vater hat zwar so ziemlich alles für mich getan, was ein Vater tun kann, und es immer nur gut mit mir gemeint und die Straße musste nun einmal von irgendwem gekehrt werden. Aber sträuben Sie sich mal gegen ein psychologisches Urteil. Das macht Sie gleich zum prädestinierten Zwangsjackenkandidaten. Es passte am Ende jedenfalls alles ganz hervorragend zusammen. Alle waren sehr bestürzt, und je länger ich darüber nachdachte, desto trauriger wurde ich selbst. Beinah wäre ich über meine Situation in Tränen ausgebrochen, wenn nicht plötzlich der gruppendynamische Prozess eingesetzt hätte.

Ich blickte in die Augen der anderen, die für einen Moment ihre Leiden vergaßen und mit großen Augen und tiefer Betroffenheit an meinen Lippen hingen. Sie machten mich, ohne es bewusst zu wollen, zu einem Helden, zu einem Idol, größer und charismatischer als ROBERT REDFORD, NICOLAS CAGE und BRAD PITT zusammen.

Ich wuchs über mich hinaus und erzählte, wie ich mich nach all dem selbst heilen würde. Es waren frei erfundene Verfahren, die sogar die Therapeutin beeindruckten. Ich erinnere mich noch, dass ich z. B. Rachepläne schmieden, diese dann in einem lodernden Strohfeuer in der Badewanne verbrennen wollte, um mich dann in dem entgifteten Aschewasser zu baden und dabei eine Hymne auf die unzerstörbare Liebe komponieren wollte, die ich unter der Dusche gesungen hätte. Die Frauen waren außer sich, wollten am liebsten mit in die Badewanne springen und wurden sogleich geheilt. Sie fielen mir später alle um den Hals und dankten mir für meine Kraft, die ich ihnen schenkte. Es war ausgesprochen bewegend und ich fühlte mich bioenergetisch voll aufgeladen.

Ich habe an diesem Wochenende aber noch viel mehr gewonnen. Durch den gruppendynamischen Prozess, der verhinderte, dass ich in die Gruppe gesogen wurde, war mir die Sache mit der Steuer von nun an egal. Ich gehe seitdem wöchentlich in solche Kurse, ohne sie abzusetzen, und pfeife auf das, was die Kollegen denken. Und der größte Witz: Je lauter ich pfeife, desto mehr Kollegen fragen nach einer CD von mir und wollen die Noten der Hymne.

Freunde für's Leben sind eine feine Sache

MÄNNER und Frauen können ja normalerweise keine Freunde sein. Das verhindert die Wirkung der Pheromone, die, bei geeigneter Gelegenheit, zu biologisch bedingtem Sex führt und die Freundschaft oft erheblich in Mitleidenschaft zieht. Deshalb partnern Männer und Frauen, schließen Verträge vor Gott und der Welt ab und erzeugen Subfreunde in Form von Nachwuchs. Die Natur hat also Lösungen gefunden, Frauen und Männer, die niemals Freunde sein können, wie Freunde erscheinen zu lassen. Jetzt aber einmal Hand auf's Herz. Haben Sie einen wahren Freund? Jemand, der sie versteht und immer für Sie da ist, nicht nur, wenn Sie Kuchen gebacken haben? Eine lächerliche Frage, nicht wahr? Natürlich sagen Sie „ja", aber Sie lügen und das wissen Sie auch. Ich brauche das gar nicht im einzelnen nachzuprüfen. Überlegen Sie nur, wie schwierig und lästig es alleine ist, sich selbst zu verstehen, und Sie können immerhin mit Ihrer Großhirnrinde den ganzen Tag in Ihr eigenes Gehirn hineinschauen und ihren Seelengeist dabei beobachten, was er wohl gerade wieder für Sie ausheckt. Wenn Sie also davon ausgehen, dass Sie sich täglich ca. zwei Stunden mit sich, Ihren Gefühlen und sonstigen Gedanken beschäftigen, müssen sie davon ausgehen, dass Ihr „Freund" ziemlich genau überhaupt keine Zeit dafür verwendet. Selbst wenn er daheim säße und sich über Ihr Geist-Seele-Heckmeck Gedanken machen würde, könnte er nur aus seinem eigenen Heckmeck Schlussfolgerungen ableiten und Sie müssten davon ausgehen, dass sich da viel Eigenes in den Vordergrund drängt. Zum Beispiel: „Was bedeutet es für mich, wenn er/sie Heckmeck hat?" - Während Sie gerade miteinander sprechen, sind es vielleicht ein paar Minuten mehr, aber wie kann er all die Stunden Ihrer eigenen Bearbeitungszeit in wenigen Minuten aufholen?

Es gibt nur einen Weg. Er müsste die gleichen Erlebnisse gehabt haben und einen Teil Ihrer individuellen Inselbrände gut kennen. Früher war das einfach. Im Dorf gab es den Marktplatz, den Bäcker und die Kirche. Alle hatten mehr oder weniger die gleichen Erlebnisse und es gab keine Kommunikationsschwierigkeiten. Im Gegenteil. Man hatte noch nicht einmal das Bedürfnis zu kommunizieren, weil sowieso jeder verständnisvoll genickt hätte. Heute, in Zeiten, da es Triathleten, Mannequins, Skater, Computercracks, Pianisten, Nudisten und hunderttausend andere Lebensformen gibt, ist der Kommunikationsbedarf natürlich viel größer. Was glauben Sie wohl, wie lange es dauert, bis ein Schachspieler einem Surfer vermittelt hat, was an der sizilianischen Eröffnung der Reiz ist, während der Surfer gerade darüber nachdenkt, ob der Wind in Sizilien mittlerweile mit Windstärke acht auflandig oder immer noch ablandig weht? Die beiden haben immerhin eine Gemeinsamkeit, ihre Liebe zu Sizilien, und das lässt sie weitersprechen. Dies ist nur ein Beispiel. Aber man sieht sofort, dass es eine feine Sache wäre, Freundschaften nicht des Kommunizierens wegen zu pflegen. Es wäre doch viel effektiver, sie nur als Impulsivitätskeime in einer sich ständig verändernden Welt zu betrachten. Freunde kämen und gingen, je nachdem, wie groß der Impuls wäre, der Sie zu Ihnen gebracht und wieder von Ihnen entfernt hätte. Brächten sie keinen Impuls mit oder reagierten womöglich nicht auf Ihren, müssten Sie natürlich aufpassen, dass wir nicht zurück ins Mittelalter verfallen und uns nur noch anlächeln, verständnisvoll nicken und uns eigentlich gar nichts zu sagen haben. Ich kann deswegen die Ehe nur gut heißen, da sie zumindest virtuelle Freundschaft lebenslang am Leben erhält.

Freunde sollte man, wie ich finde, in Zukunft einfach „Impulsüberträger" nennen. Da intensive und häufige Impulse viele unterschiedliche Reaktionen bewirken können, die von außen betrachtet auf große Freiräume hindeuten, ist es absolut selbstverständlich, dass wir Impulse als etwas Gutes bezeichnen und sie deshalb zulassen. Lassen Sie die Impulsüberträger zuschlagen und Sie werden sehen, wie Sie sich scheinbar zielgerichtet entfalten werden und Ihre Freiräume ständig erweitern. Es sieht deshalb zielgerichtet aus, weil ja kein Mensch wissen kann, wie Sie sich sonst entwickelt hätten. Häufige Richtungswechsel erklären Sie einfach mit frühzeitiger Erkenntnis, die Ihnen auf dem neuen Weg einen erheblichen Vorteil verschaffen würde. Man kann dabei nicht verlieren und das Ansehen wächst. Wer Freiräume nicht nutzen will, ist wohl bei der heutigen Auswahl an Wegen selbst Schuld. Im Mittelalter waren ja Freiräume kein Thema. Es gab ja nicht einmal einen Fußballverein. Aber heute ist jede Entscheidung, die man trifft, eine Entscheidung gegen alle anderen Entscheidungen und das sollte man sich gut überlegen.

Die Qualität der Ehe ist davon übrigens nicht im Mindesten betroffen. Da sie sowieso hochgradig virtuellen Charakter hat, lässt sie sich überall dazu oder außen heruminterpretieren. Probieren Sie es einfach aus. Es funktioniert immer. Ich kenne sogar einen ganz besonders beneidenswerten Fall von einem älteren, sehr erfolgreichen Herrn, der seine Frau nur einmal im Jahr an Weihnachten sieht. Auf die Frage hin, ob das nicht irgendwie Zweckentfremdung sei, entgegnete er lächelnd, dass seine Ehe sonst ja gar nicht funktionieren würde, und er hat Recht. Wozu eine Ehe nach klassischen Motiven durchziehen und auf Impulse verzichten, wenn es nicht sein muss und sowieso nicht wirklich funktioniert? Der Ring ist immer am Finger und die Steuerersparnis greift auch. Dieser Mann hat einen wahren virtuellen Freund für's Leben, braucht sich also keine Sorgen zu machen und kann sich getrost von unzähligen Impulsen inspirieren lassen und immer größer und herrlicher werden. Das ist eine feine Sache und damit ist die Menschheit eigentlich schon so gut wie gerettet.

Poesie ist Gift für die Seele

DIE Poesie an sich ist kein Gift, aber das Verschachern von Poesie ist wie das Essen von zehn Kilogramm Zitronen. Es beginnt lustig und endet tödlich. Es ist so ähnlich wie mit dem Fingerhut und dem guten alten Paracelsus, der schon als Schulbub wusste, dass die Menge macht, dass ein Gift ein Gift ist. Fingerhut an sich ist nicht giftig, aber man sollte ihn wohl dosiert zu sich nehmen, sonst frisst sich das Spiegelbild der Poesie durch die Tür der Monster.

Sie kennen sicher noch die Poesie-Alben, die in der frühen Schulzeit gerne an liebe Freunde und andere Klassenkamerad(inn)en verteilt wurden. Die Eltern mussten mit einem Verslein herhalten, weil man selbst in dem Alter ja noch gar keine kennt. Deswegen wollen wir das auch ganz schnell wieder vergessen. Es spielt ja auch überhaupt keine Rolle. Ich möchte allerdings auf gar keinen Fall Ihr Poesie-Album schlecht machen oder ignorieren, aber ich selbst hatte nie eines und habe es, weiß Gott, nie bereut. Noch dazu bin ich heilfroh, dass ich immer meine Mutter gebeten hatte, für mich ein Verslein in die Poesie-Alben zu schreiben. Sie kannte unzählige Verse aus ihrem eigenen Poesie-Album und hatte ja auch eine wunderschöne Schrift.

Für viele Menschen ist Poesie etwas ganz Besonderes, hat nichts mit einem Album zu tun und ist auf gar keinen Fall für andere Menschen bestimmt. Schreiben Sie auch manchmal etwas Poetisches nieder? Wer auch immer Ihre eigenen Verse lesen sollte, wird, egal mit welcher Reaktion, Ihre Seele vergiften, und je öfter Sie Ihre Verse anderen zum Lesen geben, desto eher werden Ihre Verse selbst zu Gift. Und wer braucht schon giftige Poesie? Stellen Sie sich vor, ein Leser Ihrer eigentlich traurigen Gedichte äußerte sich ganz überschwänglich über Ihre famos formulierten Reime und lobte Ihr Talent. Oder stellen Sie sich vor, man entgegnete gar nichts außer einem freundlich gequälten Lächeln und einem „Danke, dass Du mir das gezeigt hast“. Fast noch unangenehmer wäre, wenn man an einen Literaten geriete, der sofort entlarvte, dass es irgendwie an Heinrich Heine erinnere und ähnlichen Tiefgang besäße. Es soll auch schon vorgekommen sein, dass man gefragt wird, was mit der-und-der Metapher gemeint sei. Wie man es auch dreht und wendet, es wird niemals das Feedback geben, das der Poesie gebührt, weil sie prinzipiell von niemandem verstanden werden kann. Wenn es wirkliche Poesie war und nicht irgendein Unterhaltungsreim, dann wird jegliche Form der Reaktion Ihre Seele vergiften. Und eines Tages werden Sie die Poesie Poesie sein lassen und sich anderen Kommunikationstechniken zuwenden. Auch wenn es Ihnen niemals gelingen wird, das zu vermitteln, was Sie wirklich vermitteln wollen. Man könnte beispielsweise niemals das in Worte, Bilder oder Noten fassen, was zwischen den Zeilen in einem Vers über Freunde steckt, der so und nicht anders geschrieben werden musste...

Es war einmal ein glücklicher Mensch
Immer, wenn eine Schneeflocke herab fiel,
hob er sie auf
Hast Du schon einmal eine getaute
Schneeflocke gesehen?
Eine getaute Schneeflocke sieht sie aus
wie ein Regentropfen

Wenn man das so liest, wirkt es wirklich armselig, nicht wahr? Es reimt sich nicht und ist irgendwie trivial. Das mit der Schneeflocke und dem Regentropfen ist recht nahe liegend und wird möglicherweise den einen oder anderen Hobby-Poeten unter Ihnen beschämen. Man sollte das in jedem Fall als schlechte Poesie bezeichnen. Wenn man das nur einmal mit Goethes unübertroffenen Megaversen vergliche. Wie auch immer man so etwas vergleicht. Es würde kaum standhalten.

Ich vermute jedoch, dass man es trotzdem retten könnte, wenn man erklären würde, was dahinter steckte. So mancher Leser würde den Vers möglicherweise mit ganz anderen Augen sehen. Aber welcher Poet erklärt schon gerne seine Verse und verdirbt damit die Poesie? Sie vielleicht. Ich nicht. Erklärungen geben nur Maler ab, die weiße Blätter einrahmen, weil sie sonst keine Ausstellungen machen könnten. Erklärt man nichts, würde man ausgelacht. Erklärt man sich, gesellt sich mit jedem Wort und jeder Reaktion ein bisschen mehr Tod hinzu.

Allein daran sehen Sie schon, dass Sie, egal wie Sie es anstellen, als Poet und - noch viel schlimmer - als poetischer Maler oder Musiker zum Verlieren verdammt sind. Lassen Sie also lieber die Finger davon, wenn Ihnen Ihre Seele lieb ist. Ich will deshalb zu diesem Beispielvers auch keinerlei Kommentar hören, weder positiven noch negativen. Betrachten Sie ihn als nicht existent. Ich verdiene nicht mein Geld damit, also brauche ich keine Bewertung. Eine Bewertung, die Sie nur dann rechtfertigen könnten, wenn ich Ihnen einen Vers andrehen wollte. Ich verweigere einfach die Annahme einer irgendwie gearteten Wertung. Meine Seele braucht kein Gift, insbesondere nicht, weil ich finde, dass dies einer der besten Verse ist, die jemals niedergeschrieben wurden.

Wenn Sie doch darauf reagieren müssen, kann ich Ihnen versichern, dass Sie in meinem Ansehen enorm sinken werden. Alles, was Sie sagen könnten, wäre so peinlich für Sie, dass ich es Ihnen nicht raten kann. Natürlich will ich Ihnen nicht den Mund verbieten. Jeder hat das Recht, sich jederzeit frei zu äußern und sich so jederzeit auch selbst zu diskreditieren. Sie könnten sogar, wenn ich es zuließe, meine Seele vergiften, aber Sie selbst trügen den größeren Schaden davon. Denken Sie einmal konsequent darüber nach. Wollen Sie es wirklich wagen und danach noch in den Spiegel sehen? - Nur mit der unbeteiligt in Gedanken formulierten Aussage: „Was mag sich wohl dahinter verbergen?“ können Sie Ihre Disqualifikation vermeiden und zwar nicht nur die von mir zu Erteilende. Insbesondere vor sich selbst müssten Sie nämlich aufgrund Ihrer eigenverschuldeten Disqualifikation ein Leben lang davonlaufen. Ihr Spiegelbild würde Sie täglich darauf hinweisen und Ihr Selbsthass würde Sie eines Tages selbst zur Poesie zwingen. Sie würden dann allerdings vergiftete Verse schreiben, die kein Mensch lesen will und die Menschheit wird sie auch nicht brauchen.

Da eine unbeteiligt wirkende Aussage niemandem nützt, vergessen wir das Ganze einfach und lassen die Verse Verse sein und die Poesie ein Mittel ohne Zweck.

Das Ende naht immer, nur nicht mit der Alternative

DAS Buch könnte man eigentlich mit einem Satz beenden. Aber man muss es nicht. Es gibt immer eine Alternative.

Bei allen schönen Dingen, die Ihnen widerfahren, stellen Sie sich sicher immer die Frage nach dem Preis. Das tut jeder. Es ist die Grundlage für die Bewertung aller Aktivitäten, auf die das Gehirn mit einer geeigneten Gegenmaßnahme reagieren muss. Würde das Gehirn nicht bewerten und entscheiden, würde alles anders laufen. Das können Sie mir glauben. Sie würden statt wegzulaufen stehen bleiben, statt küssen lachen, statt lachen pfeifen und spätestens dann fängt es an lästig zu werden. Ihr Gehirn muss also jeden Handgriff bewusst oder unbewusst irgendeinem ominösen Bewertungsschema unterwerfen, das Preise vergleicht und dann adäquates Handeln auslöst. Wenn jemand einen Ferrari vor Ihrer Haustür geparkt hat, hüpfen

Sie ja sicher nicht spontan im Dreieck und verschenken Ihren Kombi. Nein. Sie fragen zunächst, warum Sie da nun einen Ferrari hingestellt bekommen haben. Wie kommt der da hin und was soll der denn eigentlich kosten? Wenn Sie die Antwort erfahren haben, überlegen Sie nicht länger, wem Sie den Kombi schenken, sondern wann Sie Ihr Haus verkaufen. Und da der Ferrari nun einmal da steht und Sie sich in ihn verliebt haben, nimmt alles seinen Gang. Sie verkaufen das Haus und die Gartenmöbel und sind von da an stolzer Besitzer eines Ferraris. Und Sie fahren nicht etwa schneller als mit ihrem alten Kombi, sondern langsamer, etwa 15 km/h, damit Sie auch jeder hinter dem Steuer erkennen kann. Am nächsten Tag fahren Sie erneut eine Runde, damit keiner denkt, Sie hätten ihn nur geliehen. Und am dritten Tag lassen Sie die nette Brünette einsteigen, die sich jedes Mal den Hals nach Ihnen verrenkt hat, weil Sie seit neuestem wirklich eine ganz besondere Aura haben. Bisher war alles eine feine Sache und es ist kein Ende in Sicht. Sie übernachten bei den Verwandten, die sich über den Kombi sehr gefreut haben und brauchen nicht einmal selbst die Betten zu beziehen. Sie vermissen Ihr Haus nicht im geringsten, da sowieso gerade Tapezieren anstand. Bisher steht die Energiebilanz deutlich zu Ihren Gunsten und der Neid der Nachbarn ist mehr als berechtigt.

Aber am vierten Tag kommt der Sensenmann in Gestalt der Brünetten und will, dass Sie den eigentlichen Preis für den Ferrari zahlen. Sie haben natürlich keinerlei Ahnung, dass Sensenmänner heute gerne einmal im Körper einer Brünetten daherkommen und es nebenbei ganz lustig finden, Sie im Glauben zu lassen, mit ihm ziemlich guten Sex zu haben. Aber der Sensenmann haucht Ihnen mit jedem Stöhnen ein bisschen mehr Tod ins Gesicht. Er greift sich während des gemeinsamen Höhepunktes Ihr Herz und schmeißt es zum Fenster hinaus. Sie fühlen sich zunächst nur ein bisschen schlapp und verabschieden die Brünette freundlich.

Die Fahrten der nächsten Tage machen Ihnen nicht mehr ganz so viel Freude, weil sich ein grauer Schleier über Ihre Windschutzscheibe gelegt hat. Die Leute drehen sich schon nicht mehr so neidisch nach Ihnen um und bestrafen Sie heimlich mit vorgespieltem Desinteresse. Der eine oder andere winkt sogar lässig, so als ob Sie wieder in Ihrem Kombi säßen. Sie suchen die nette Brünette, aber Sie können sie nirgends finden. Es sind auch sonst keine Brünetten mehr zu sehen. Es scheint, als hätten sie alle braungraues Haar. Und weil es bei den Verwandten irgendwie nicht mehr so angenehm war, weil Sie ihnen zur Last fielen, fahren Sie immer weiter und wie könnte es anders sein. Das Ende naht immer. Es denkt gar nicht daran, nicht zu nahen. Sie verschenken den Ferrari und sterben am Straßenrand neben einem Marienkäfer, der gerade versucht, über eine schwarzhaarige Wespe zu klettern.

Das ist natürlich Unsinn. Es gibt ja immer eine Alternative. Sie können natürlich gleich zu Beginn ein rassiges Blondinenpärchen einsteigen lassen. Der Sensenmann kommt nie zu zweit. Wie könnte er auch? Es gibt nur eine Sense, also auch nur einen Sensenmann. Und mit zwei Blondinen kann man auch eine Menge Spaß haben und der Preis wird hier auf ganz andere Weise bezahlt, so, dass es Ihnen nicht sonderlich weh tun wird. Der Sensenmann kriegt das natürlich schon alles mit und ist ja auch nicht auf den Kopf gefallen. Nur, weil Sie ihn nicht in Ihren Ferrari lassen, hat er Sie noch lange nicht von seiner Liste gestrichen. Er denkt sich einen besonders pikanten Preis für Sie aus und tötet Ihre beiden Blondinen mit 17 Sensenschlägen. So hinterlässt er Ihnen ein Leben in Trauer. Eine zunächst ergreifende Geschichte. Aber Sie ahnen natürlich schon, wie sie weitergehen wird. Für Sie hatte nämlich die Alternative mit dem Blondinenpärchen von vornherein schon so einen makelbehafteten Hauch von Alternative, was man mit einem Ferrari ja eigentlich nicht nötig hat. Sie vergießen also ein paar Tränen, die dem Sensenmann ausreichen, um Sie von der Liste zu streichen, und können jetzt ohne Bedenken die Brünette einsteigen lassen.

Na, wie finden Sie die Alternative, bei der kein Ende naht? Falls Sie nun weder auf Blondinen noch auf Brünette stehen, weil Sie zum Beispiel eine Frau sind, möchte ich Ihnen hiermit lieber gleich mitteilen, dass das ganze Beispiel von vornherein für Frauen nichts taugt und ich es bevorzugen würde, das nicht erklären zu müssen.

Hm. - Ich vermute jedoch, wir kommen um die Problematik so oder so nicht wirklich herum und das ist ja hier kein

Sonderfall. Also will ich es wenigstens *einmal* exemplarisch verdeutlichen:

Zunächst einmal würden Ihnen zwei blonde Männer, die Sie aufgabeln, keinen Spaß bringen, weil die beiden entweder Angst hätten, Ihr Mann käme gleich vorbei, um sein Auto in die Waschanlage zu fahren, oder die Erektion bliebe deshalb aus, weil die Blonden denken, Sie könnten als Ferrari-Fahrerin eine bestialische Geschäftsfrau sein, die regelmäßig zur morgendlichen Besprechung demonstrativ zwei Eier verspeist, bevor sie die Aufgaben verteilt. Sollten Sie einen brünetten Mann einsteigen lassen, käme ich in arge Erklärungsnot und würde mich hoffnungslos verzetteln. In diesem Fall käme zwar mit der Ferrari-Geschichte auch ein nahendes Ende zustande, aber das sähe dann so aus, dass Sie den Sensenmann anhauchten, und so macht das ganze Beispiel keinen Sinn mehr.

Natürliche Korrelationen für den Weltfrieden

EIN Klon, die identische Kopie eines Individuums, ist eine feine Sache. Man kann ja die tollsten Späße machen und sogar die eigene Frau veräppeln. Es sind die natürlichen Kinder der Klone, die keiner will, und die Kopien, die nicht das tun, was sie sollen.

Ich glaube, zur Zeit sind 90 % der Amerikaner gegen das Klonieren von Menschen. Wir wollen hier jetzt gar nicht weiter differenzieren, welches Klonieren hier genau gemeint ist, pränatal, prämenstrual oder postpubertär. Das spielt keine Rolle. Die Amerikaner sind im Prinzip trotzdem dagegen. Ich finde das sehr mutig und freue mich insgeheim. So hat Deutschland endlich einmal die Chance zu einem signifikanten wirtschaftlichen Vorsprung. Klonieren kommt so oder so, weil es kommen muss. Und Deutschland wird die Nummer eins sein, weil die Amerikaner die Informationsflut satt haben und lieber mutig „Nein“ sagen statt zögerlich „Ja“. Es wird alles wunderbar. Und das wurde nur um so deutlicher mit dem letzten ARNOLD-SCHWARZENEGGER-Kinofilm, in dem die Klone fast nicht tot zu kriegen und wirklich eklig waren und ich, weiß Gott, auch keine haben wollte, wenn ich in Amerika leben müsste.

Viel mehr beschäftigen sollte uns die Frage, wie wir den Weltfrieden in Zeiten der Klonierung erhalten können. Und da bin ich wirklich froh über den Fortschritt der Wissenschaftler, die ja, von außen betrachtet, immer mitzudenken scheinen. Sie entwickelten z.B. die Atombombe genau rechtzeitig, nämlich kurz bevor sie in Japan gebraucht wurde. Sie entwickelten auch den Mikrochip genau rechtzeitig, nämlich rechtzeitig, bevor das Internet da war. Stellen Sie sich einmal ein Internet ohne Mikrochips vor. Grässlich. Es hätte sofort Krieg gegeben.

Mit der Klonierung ist es genau das Gleiche. Sie wird rechtzeitig entwickelt, in einer Situation, da Frauen keine Zeit mehr zum Kinderkriegen haben. Stellen Sie sich nur vor, die Wissenschaftler würden so vorgehen, dass sie sich zuerst umsähen, feststellten, dass Frauen keine Kinder mehr kriegen wollten, um dann womöglich zielgerichtet die Pille für den Mann zu entwickeln. Das würde den Weltfrieden gefährden und ginge zu Lasten der Wissenschaft. Ich bin froh, dass Wissenschaftler nicht so eigenmächtig vorgehen und vielmehr in einer unsichtbaren Korrelation dazu bewogen werden, zum rechten Zeitpunkt das

Richtige zu entdecken. Es muss seit dem Zweiten Weltkrieg irgendein Naturgesetz geben, das wir noch nicht kennen. Ich nenne es mal die „natürliche Korrelation für den Weltfrieden". Dieses Gesetz sorgt immer dafür, dass der Weltfrieden trotz widerstrebender Aktivitäten erhalten bleibt. Das Mittel zum Zweck ist hierbei die zeitnahe Korrelation. Von ganz außen betrachtet könnte man es auch „göttliche Fügung" nennen, aber das ginge sicher zu weit. Wir haben das Gesetz ja noch gar nicht näher untersucht. Wahrscheinlich erübrigt sich die Inanspruchnahme göttlicher Komponenten.

Während also Frauen durch Karrierepläne, Yogakurse, Fitnessaktivitäten, Körperpeeling, Sauna, Ernährungsprogramme, Urlaube in der Karibik, Tauchkurse, Management-Fortbildung, Pediküre, Shopping-Touren in Mailand, Kunstausstellungen, Rhetorik-Training und Schminkkurse verständlicherweise überhaupt keine Zeit mehr zum Austragen von Nachwuchs haben, geschweige denn einen Termin für die Säuglingszuneigung finden, arbeiten die Wissenschaftler - desinformiert über diese Entwicklung (sie sind ja immer im Labor) - an der Klonierung von Karrierefrauen. Und hier kommen zwei sehr wichtige Ereignisse in günstiger Weise zusammen.

Der heute noch nicht ganz offensichtliche Hauptkunde des Klonierungsmarktes werden nämlich „zufällig"(!) die Karrierefrauen sein, weil sie sowohl das Geld dafür haben werden als auch den Bedarf. Denn wem, außer ihren Klonen, könnten sie sonst ihr Wissen weitergeben? Zum Schreiben haben sie nämlich weder Zeit noch Lust. Und das ist gut so. Und wer sollte zur Maniküre, während sie gerade Verträge aushandeln? Sie sehen schon. Karrierefrauen brauchen Klone. Die Männer werden natürlich keinen einzigen Karrierefrau-Klon kaufen, weil sie gar keine Kraft mehr haben, sich schon wieder umzustellen. Sie haben gerade gelernt, Hausmann für die eigenen Babys zu sein und sollen jetzt ganz plötzlich Hausmann für Klone ihrer Frau werden? Eine düstere Vision, die nur darin enden kann, dass sich alle Männer zusammenschließen und die Frauen ausrotten. Da Männer danach aus Prinzip weiterhin Klone verweigern werden, müssen sie ihre ganze Forschungsenergie auf die Alterungsgene konzentrieren und sie systematisch in die Knie zwingen. Das hat nun mit natürlicher Korrelation nichts mehr zu tun, wirkt irgendwie gewollt und ist eigentlich zum Scheitern verurteilt. Egal, wie man es durchspielt, es scheint zunächst ohne Krieg nicht zu funktionieren.

Es ist also gut, dass wir das „Natürliche Korrelation für den Weltfrieden"-Gesetz haben und das alles so nicht passieren muss. Irgendeine Kraft wird die Forscher, nachdem sie Karrierefrauen kloniert und verkauft haben, dazu bringen, nur noch die Klonierung von Männern zu ermöglichen und das in einer Art und Weise, die die Karrierefrauen nicht nachvollziehen können. Sie muss irgendwie die emotionale Intelligenz austricksen. So werden schließlich alle glücklich, denn noch vor Kriegsausbruch wird der Weltfrieden erhalten. Die Männer bleiben von nun an wirklich gerne zu Hause, um mit ihren eigenen Klonen Skat spielen zu können, während der vierte sich um den Haushalt kümmert und die Karrierefrau-Klone arbeiten gehen und sich selbst verwirklichen können, nicht alle Kopien, aber immer mindestens eine.

Der Weltfrieden ist also in Wirklichkeit nie in Gefahr, schon gar nicht wegen der Klonierung von Menschen. Ich bin sehr dankbar für die Entdeckung dieser natürlichen Korrelation von wissenschaftlichen Erkenntnissen und drohenden Kriegen und hoffe, Sie sind es auch ein bisschen.

Eine gebührliche Kommunikation mit Zombies

VERGESSEN Sie Traumdeutung. Es ist die größte Ironie der Erdgeschichte. Denken Sie einmal darüber nach! In der Traumdeutung manifestiert sich der komplette Unfug zwischen Wissenschaft und Kommunikation. Ich will Ihnen sagen, was ich mit meinen Träumen gemacht habe. Ich habe sie nämlich nicht nach Lehrbuch gedeutet und mich in Selbstmitleid gebadet. Nein. Ich habe mich im Traum gegen die Lehrbuchmeinung entschieden.

Das möchte ich gerne an zwei prägnanten Beispielen erläutern, damit Sie verstehen, was es heißt, seine Träume nicht einfach hinzunehmen. Dazu muss ich Ihnen zunächst erklären, was Zombies sind. Zombies sind Tote, die mordend herumlaufen und nicht aufhören, bis man ihnen den Kopf abhackt. So weit, so gut. Aber finden Sie mal im Traum eine Axt!

Nach den ersten Träumen habe ich es mit Fußkicks versucht, aber manchmal habe ich dabei ihr Herz getroffen und sie haben angefangen zu weinen. Wenn jemand weint, auch wenn es ein Zombie ist, werde ich sofort schwach und fange an zu trösten. Aber Zombies sind nicht wie wir, die das dankbar annehmen würden. Sie sind auf Morden programmiert, und wenn sie getröstet waren, musste ich ihnen doch mit bloßen Händen den Kopf herunterreißen, um mich selbst zu retten. Es kamen immer mehr und es schien kein Ende in Sicht. Es musste da irgendwo ein Nest geben. Und ich fand und fand keine Axt. Über die Jahre bin ich ein richtiger Zombie-Seelsorger geworden und ein paar von ihnen kamen dann irgendwann nur noch zum Ausweinen zu mir. Irgendwann wurden es aber so viele, dass ich etwas tun musste. Manchmal ließen sie mich schon gar nicht mehr aufwachen. Im Traum entschied ich entgegen jeglicher Seelsorge-Ethik, dass ich - einfach so - eine Riesensense in der Hand halten würde. Einfach so. Wie in die Hand gezaubert. Ich musste nicht vergeblich danach suchen. Nein, ich entschied einfach, eine in der Hand zu halten, und so geschah es auch. Sie können sich ja vorstellen, wie die Zombies auf einmal staunten. In guten Träumen konnte ich sieben auf einen Streich enthaupten. Mit der Zeit kamen immer weniger und eines Tages freundete ich mich sogar mit einem an. Ich glaube, sie wussten meine Art der Kommunikation zu schätzen. Ich meine nicht das Trösten, sondern das Schwingen der Riesensense.

In einem anderen Traum habe ich mich auch entgegen der Lehre verhalten. Kennen Sie Träume, in denen Sie stürzen und auf einmal fliegen können, oder große Luftsprünge machen und dann ein paar Meter segeln? Ich habe einmal gehört, dass das auf Realitätsflucht hindeutet, und fand den Traum seitdem peinlich. Dann träumte ich, dass ich traurig darüber war, dass ich im Traum nicht mehr fliegen konnte, weil ich ja eigentlich kein Realitätsflüchtling sein wollte. Ich spazierte so über eine Sommerwiese und hatte auf einmal die Nase voll. Ich entschied mich spontan, einfach abzuheben und locker-leicht über das Land zu fliegen und das ohne jegliche Not, der Realität im Traum entfliehen zu müssen. Die Sommerwiese war wunderschön und es gab nun wirklich keinen Grund abzuheben. Ich breitete trotzdem immer wieder, wenn ich Lust hatte, meine Arme aus, ging tief in die Knie und stieß mich kräftig vom Boden ab, schlug sanft mit den Armen und flog lächelnd über das Land, ohne ungewollt an Höhe zu verlieren. Es war ein herrliches Gefühl und ich sagte die ganze Zeit zu mir, dass ich in meinen Träumen ab sofort tun und lassen werde, was ich will. Es ist allein mein freier Wille und hat nichts mit psychologischem Firlefanz und Unterbewusstsein zu tun. Probieren Sie es doch auch einmal! Entscheiden Sie im Traum einfach willentlich, wie es weitergehen soll!

Das mit dem Abheben und Fliegen wäre natürlich auch eine Möglichkeit gewesen, mich freundlich von den Zombies zu verabschieden, aber man hätte das doch irgendwie als Flucht deuten können. Und ich hätte nicht soviel über Kommunikation gelernt und keinen Freund gefunden. Es war schon genau richtig so, wie ich das gemacht habe und ich freue mich schon auf den nächsten Traum. Mein Freund und ich wollen bald eine Schule für die anderen Zombies aufmachen, um ihr Kommunikationsverhalten zu verbessern und sie so vor der Rache der Menschheit zu retten.

Der Sonntagnachmittag, der Kaffee und der Kuchen

Es ist mal wieder Sonntag und Sie hassen diesen Tag, weil er Ihnen bewusst macht, wie furchtbar Ihr Leben ist. Schon morgen, am verfluchten Montag, müssen Sie nämlich wieder um 6:15 Uhr aufstehen, um das Geld für den Kuchen zu verdienen, den Sie heute um 16 Uhr essen werden. Die Wochentage sind okay. Man kommt praktisch gar nicht zur Reflektion über sein Leben und freut sich schon ab Mittwoch auf den Sonntag. Und nun ist er da. Dieser stille Untag, der nur dafür taugt, die Mühe der Woche zu rechtfertigen. Ihnen ist danach, dieses Mal sogar Kaffee und Kuchen ausfallen zu lassen, weil Sie am liebsten die Zeit vorstellen würden, um der Sinnlosigkeit dieses Tages zu entfliehen. Aber Sie wissen, dass das keine befriedigende Lösung ist, da Sie sich ja längst im Teufelskreis befinden und die Uhren ticken, bis zum nächsten Sonntag und immer so weiter. Das ist übrigens der Grund, warum sich so viele Menschen auf die Rente freuen. Da hat der Teufelskreis ein Ende. Für manche ist dann jeden Tag Sonntag, aber man muss aufpassen, keine neuen Teufelskreise zu betreten. Die lauern nämlich auch bei Rentnern überall.

Also, dann wollen wir mal das Beste daraus machen und quälen uns aus dem Bett, ha, ein Déjà-vu. Ich hatte eben beim Schreiben tatsächlich ein echtes Déjà-vu. Ich könnte schwören, diese Zeilen genau so schon einmal geschrieben zu haben. Unglaublich. Kann das sein? Wohl kaum. Es ist natürlich völliger Unsinn und wahrscheinlich habe ich irgendeine der anderen Zeilen mit diesen verwechselt. Aber daran sehen Sie schon, dass nicht jedes Kaffeetrinken exakt gleich sein muss, genau wie die Zeilen. Es kommt darauf an, in welcher Reihenfolge man die Elemente zusammenfügt.

Man könnte zum Beispiel einen eigenen Kuchen backen, Impulsüberträger einladen und sich zur Ausnahme mal von seiner Frau bedienen lassen. Na, also. Es geht doch. Ist noch nur eine Frage der Einstellung. Jeder Sonntag ist somit anders, und auch wenn es immer Kaffee und Kuchen gibt, empfindet es der Geist nicht als eintönig, wenn Sie Abwechslung hineinbringen. Die Abwechslung ist also eine seitliche Sackgasse außerhalb des Teufelskreises. Und die Variante, dass Sie einmal von der Frau bedient werden, ist keineswegs nur einen einzigen Sonntag tauglich. Sie können diese Variante fast beliebig kombinieren, z.B. mit Streuselkuchen, Ovomaltine im Kaffee, dem Suppengeschirr statt dem langweiligen Kaffeegeschirr oder einfach mal mit einem Lamafell. Und wenn die Frauenvariante doch irgendwann mal erschöpft sein sollte, können Sie entweder neu heiraten oder suchen sich einen neuen Job, bei dem Sie antizyklisch arbeiten, statt sonntags mittwochs frei haben und das ganze Programm noch einmal wiederholen können. Jetzt eben nur mittwochs.

Sie sehen also, dass es wirklich lächerlich ist, den Sonntag so zu hassen. Hassen Sie lieber Ihr Erinnerungsvermögen. Wenn Sie sich nicht immer an alles so genau erinnern könnten, wäre jeder Sonntag der schönste Sonntag Ihres Lebens und Déjà-vus wären gar nicht möglich. Wenn Sie es nicht hinkriegen, Ihrem Erinnerungsvermögen Einhalt zu gebieten, könnten Sie entweder das Rekombinationsprogramm durchspielen oder den Sonntag ganz ausfallen lassen.

Wie bitte?

Ja, Sie haben schon richtig gelesen. Sie können den Sonntag auch ganz ausfallen lassen. Nennen Sie ihn einfach den „sonnigen Sonntag" und ziehen einfach rigoros exakt das gleiche Programm durch, ohne es wahrzunehmen. Ihr Gehirn bewerkstelligt das nach ein paar Malen voll unterbewusst. Dann können Sie von all den wunderschönen Dingen träumen, die Sie jemals getan haben und nie wieder tun werden.

Der teuflische Satan und die größte Erkenntnis aller Zeiten

ALS ich früher noch in meiner superromantischen Traumwelt lebte, hatte ich keinerlei Verständnis für Satanskult. Und meine Welt war unbeschreiblich romantisch. Das können Sie mir glauben. Es gab nur Liebe, wunderbare Musik und Wiesen voll blühender Blumen und Kräutern und eine wunderschöne Frau, die mit wehendem Kleid barfüßig darauf herumhüpfte. Sie war voller Liebe und warf mit Herzen nur so um sich. Mein Gott, war das ein schönes Leben. Manchmal habe ich stundenlang von diesem schönsten Tag in meinem ganzen Leben geträumt und mich so tief in den Traum hineingeträumt, dass ich alles riechen und fühlen konnte. Objektiv betrachtet ist da nicht viel gewesen und die Blondine, die da herumhüpfte, ist längst über alle Berge. Sie stand nicht auf Romantik, weil sie keine Zeit hatte, aber es war trotzdem der schönste Tag meines Lebens.

Dieses intensive stundenlange Nachträumen hat mir unglaublich viel Energie für den Rest des Tages gegeben und war eine gute Sache. Ich habe dann den Rest des Tages versucht, schlechte äußere Einflüsse von mir fern zu halten, die meine Traumwelt gefährden konnten. Und das war nicht immer leicht. Man kann dann nicht alles hinnehmen. Zumindest nicht so, wie es ist. Und je mehr man schützen muss, desto weniger träumt man.

Natürlich bin auch ich durch die Medien längst zu einem sehr toleranten Menschen geworden. Es blieb mir ja nichts anderes übrig, nachdem KOJAK, MAGNUM und DALLAS abgesetzt wurden. Die Toleranz ist allerdings eine verteufelte Sache. Das stellt sich leider - wie alles - erst im Nachhinein heraus. Man wird ja förmlich gezwungen, sie zu praktizieren, auch wenn sich alles in einem selbst sträuben mag. Aber, einmal überwunden, eröffnen sich einem natürlich endlos viele Möglichkeiten. Alles ist dann nämlich weder gut noch schlecht. Bewertungen erübrigen sich, da alles o.k. ist. Die totale Freiheit ist nur durch gnadenlose Toleranz möglich und kein Mensch braucht dann noch Schicksal oder Zufälle und kann getrost ohne so etwas auskommen. Einzig den selbst gesteuerten Willen darf man nicht ganz verlieren, sonst wird das Leben mit der Toleranz zur Ohnmacht. Sie sollten auch nicht alles glauben, was in der Werbung gesagt wird. Mit etwas Übung kriegt man aber schnell heraus, wie man als praktizierender Toleranzapostel trotzdem einen selbstgesteuerten Willen behält. Aber ich will nicht leugnen, dass mir die Toleranz einst das größte Geschenk machte, dass ich jemals erhielt. Und alleine dafür hat sich meine Metamorphose schon gelohnt.

Mein kleines Brüderchen wurde von mir jahrelang in gemeinsamen Musiksessions dazu genötigt, Musik zu hören, die er - mit Verlaub, aber es war so - total scheiße fand. Er ist der Zweitgeborene! Es war Taktik. Nichts weiter. Ich malte mir aus, wie wir eines Tages zusammen die gleiche Musik hören könnten und ich endlich mit jemandem darüber reden dürfte, wie gut sie mir gefiel. Deshalb spielte ich ihm, wenn er z. B. auf dem Klo saß, meine CDs vor. Es dauerte z. B. zehn Jahre, bis er endlich PETER GABRIEL mochte, und zwölf Jahre, bis ich meine YES-CDs in seinen Regalen suchen musste. Wir hatten tolle Gespräche über seine Ignoranz und die genialen Kompositionen, die er jahrelang nie wahrnehmen konnte. Es war nicht immer leicht. Ohne meine wirklich nur gut gemeinte Unterstützung hätte mein Bruder, der irgendwo zwischen seiner Geburt und seinem ersten Säuglings-Foto einen Pakt mit Satan schloss, nur Death-Metal-CDs in seinem Regal stehen. Das ist die Musik der langhaarigen Düsteren, die Kreuze verkehrt herum aufhängen und mit ihrer Gitarre noch gemeiner umgehen als mit ihrer Barbie-Puppe. Erst durch meine Hilfe konnte er sein Repertoire erweitern und dem Leben mehr abgewinnen als nur Gitarren-Soli, Double Bass und Gegrunze. Manchmal, wenn ich badete, zwang er mir ein paar seiner Lieder auf, weil ich da nicht flüchten konnte. Er versuchte alles, um mich, der eigentlich *sein* Lehrer war, zu bekehren. Einmal hat er mich sogar mit äußerst garstigem

Teufelswerk von KING DIAMOND gefoltert, als ich gerade mit Grippe und 41,9 ° Fieber im Bett lag und dachte, ich müsste bald sterben, und um ein Haar wäre ich auch beinahe gestorben.

Heute weiß ich, dass es nicht Satan war, der mich damals vor dem Tod bewahrte, sondern mein kleiner Bruder, der damals schon geahnt haben musste, wie heilsam diese Musik für mich sein würde. Aber er hatte 15 Jahre lang keine Chance und ich ließ mich einfach nicht darauf ein. Ich hatte immer das Gefühl, die Musik nähme mir ein bisschen von meiner Traumwelt weg, die ich in meiner Ignoranz für die wirkliche Welt hielt.

Doch eines Tages meinte es das Schicksal wirklich gut mit mir, und ich erkannte wie von selbst ganz deutlich, dass ich doch tatsächlich nur in einer Traumwelt lebte. Es waren zunächst besonders groteske Umstände. Ich stand wochenlang unter Weltschock und habe mein Traumweltdasein deshalb auch ganz schnell und klammheimlich unter den Teppich gekehrt. Es war mir irgendwie peinlich. Ich habe in meinen Träumen, ohne es zu merken, die Reinkarnation eines seelenlosen Wesens aus dem Mittelalter, die in Gestalt des lieblichen Aschenbrödels herumstolzierte, geliebt, träumte blindlings den ganzen schönen Traum, wurde von einem Atomwecker geweckt und fand mich dann irgendwann in einer ähnlichen Situation wie eine Mutter, deren Kind auf dem Schulweg gestohlen wurde. Ich hatte mich zwar schon immer ein bisschen über das Umherstolzieren gewundert, weil ich Aschenbrödel eher anders kannte, eigentlich schüchterner und graziöser, aber so viel Träumerei trübt natürlich die Sinne. Heute weiß kein Mensch, dass ich mein Leben lang in einer Traumwelt lebte. Ich selbst habe es schon fast vergessen. Jetzt wissen eigentlich nur Sie, dass es so war. Meine Sinne, insbesondere meine Ohren, sind jetzt allerdings so messerscharf wie noch nie, also überlegen Sie sich gut, ob Sie es weitererzählen.

Nachdem ich also seit einer Weile in der wahren Welt lebe, habe ich doch neulich zu Weihnachten einen Death-Metal-Mix von meinem Bruder geschenkt bekommen. Natürlich dachte ich sofort daran, dass mich nun Satan tatsächlich holen würde und es schien auch irgendwie an der Zeit, aber ich hatte keine Angst mehr. Die reale Welt ist so einfach und vorhersagbar, dass man wirklich überhaupt keine Angst davor zu haben braucht. Meine Traumwelt kann mir ja jetzt keiner mehr wegnehmen. Sie existiert nur noch in meinen Träumen. Also wozu Angst? Ich hatte zwar keine Ahnung, wie Satan so ist, doch alles wirkte ganz natürlich und ich war unbefangen. Vor allem spielte jetzt hier, was ich beinah vergessen hatte, meine neu errungene Toleranz eine eminent wichtige Rolle. Ich war ja wegen der Medien längst gegenüber allem tolerant, also auch bereit für Satan. Ganz entspannt legte ich die MiniDisc ein und hörte zu. Und was sage ich Ihnen? Ich war restlos begeistert. Es hat mich regelrecht vom Sitz gefegt. Ich habe zum ersten Mal im Leben diese Musik wirklich gehört und sie in mich aufgenommen, und glauben Sie mir, es war phantastisch. Ich hatte nicht das Gefühl, von Satan erfasst und vergiftet zu werden. Ganz im Gegenteil, ich hatte den Eindruck, von allem Schlechten gereinigt worden zu sein, so als ob das vermeintlich Gute das eigentlich Böse ist. Es war jedenfalls hinterher weg und ich fühle mich seitdem topfit. Ich bin dadurch wirklich geheilt worden und kann Ihnen, liebe Leser, falls Sie auch tolerant sind, nur empfehlen, sich Death Metal einmal richtig anzuhören. Sie brauchen ja nicht zu bewerten. Nehmen Sie es einfach auf und lassen Sie sich reinigen.

Es war zweifelsfrei die größte Erkenntnis aller Zeiten.

Es gibt jetzt neben allerlei Firlefanz nur noch vier wirklich wichtige Dinge in meinem Leben: Death Metal, Joggen, Reiki und Liebe. Die Liebe gibt es für's innere Kind, Reiki reinigt meinen inneren Kanal und mein hohes Selbst, das Joggen putzt die Blutgefäße sauber und beflügelt meinen Körper und Death Metal fegt mir so richtig den Kopf durch. Nach einer sechsstündigen Gesamttherapie, die ich jetzt jeden Morgen durchführe, kann für mich der Tag so richtig losgehen.

Vergebliche Gnade und ungnädige Vergebung

HABEN Sie sich früher zur Weihnachtszeit auch manchmal über die JESUS-Filme aufgeregt, saßen da im Sessel und konnten nicht fassen, dass alles so unabänderlich seinen Gang nehmen musste, wo man JESUS doch mit Leichtigkeit hätte befreien können? Ein gerechteres Ende wäre mir persönlich lieber gewesen und ich kann nicht verstehen, warum das immer und immer wieder so ablaufen muss, wie es wohl ablaufen muss.

Ich sehe mir deshalb lieber Actionfilme an, denn da werden Leute befreit, auf die schon Kugeln mit annähernder Lichtgeschwindigkeit zurasen. Ich würde wirklich gerne einmal SYLVESTER STALLONE in der Rolle von JESUS sehen. Er wäre wohl bestimmt ebenso als Märtyrer am Kreuz hängen geblieben, aber er hätte seinen Peinigern nicht vergeben, sondern ihnen ins Gesicht gespuckt. Letztlich ist das liebevoller, als ihnen zu vergeben, obwohl RAMBO, glaube ich, kein eigentlicher Christ war. „RAMBO 1" zählt übrigens für mich zu den besten Filmen aller Zeiten. RAMBO hat nicht etwa wie JESUS Kranke geheilt, ist gemütlich umhergewandelt und hat immer ganz langsam gesprochen. Nein, das ganz sicher nicht.

RAMBO hat aber im Gegensatz zu JESUS keine Schuld erzeugt und Menschen direkt oder indirekt belastet, indem er ihnen ein Heilungsgeschenk machte. JESUS soll ja die heilige Kraft regelrecht missbraucht haben und nicht nur Kranke geheilt, sondern sogar aus Wasser Wein gezaubert haben, was sicher nicht im Sinne des Erfinders war. Es sieht eher nach Angeberei aus. BUDDHA war da wohl etwas zurückhaltender. Aber was weiß man schon von BUDDHA? Ist lange her. RAMBO hat jedenfalls versucht, seine eigene Seele zu retten und sich und damit auch der ganzen Welt das Beste angetan, was er hätte tun können. Wenn nicht so viele gestorben wären, was oberflächlich wenig fromm wirkt, hätte der Film ganz sicher seinen festen Platz im Weihnachtsprogramm. Denken Sie einmal ernsthaft darüber nach und schauen Sie bitte zwischen den Maschinengewehren und Wurfpfeilen auf die wahre Botschaft!

In den besten Filmen aller Zeiten kommt ein Held ohne Gnade aus und Vergebung gibt es, wenn überhaupt, dann nur für Verräter, die danach erneut verraten und ohnehin seit der ersten Drehbuchseite totgeweiht sind und schließlich nicht davonkommen könnten. Diese Form der Gerechtigkeit fehlt in den JESUS-Filmen und das ist wahrscheinlich der wahre Grund, warum ich den ganzen Rest nach der Kreuzigung gar nicht mehr ansehen kann. Auch wenn ich den Sinn schon verstehe und alles im richtigen Leben eine riesig große Sache mit gigantischer Implikation für die Menschheit war, ist mein Gemüt in den letzten Filmminuten - und selbst nach dem Filmabspann - noch lange nicht über die Kreuzigung hinweggekommen. Die Schuld der Feiglinge lastet mir im Herzen und die Vergebung macht mich ein bisschen wütend. Sie ist auch meistens schlecht gespielt und wirklich überflüssig. Die arrogant dahin gesagte Vergebung ist eigentlich erniedrigend und ungnädig, auch wenn sie als Gnade vorgetäuscht wird. Sie vergiftet in Wirklichkeit die Seele der Schuldigen. Ich möchte weiß Gott nicht in der Haut der Schuldigen stecken. Was könnte sie auf grausamere Art und Weise zu sich ewig entschuldigenden Teufeln degradieren? Sie erhalten von einem Totgeweihten, den sie totgeweiht haben, Vergebung. Das muss man sich einmal vorstellen. Das hätte JESUS bestimmt nicht getan, wenn er wirklich verstanden hätte, wie die Psychologie der Menschen funktioniert. Wenn ihnen wenigstens der Papst vergeben hätte, könnte man ja noch darüber schmunzeln. Aber nein, es wird immer so inszeniert, dass im Prinzip Gott da vergibt. Um meine Wut nicht am Fernseher auszulassen, versuche ich mir das so zu erklären, dass JESUS wohl dachte, er würde durch die Folgen des Verrats, also gewissermaßen mit Hilfe der Verräter, schneller in den Himmel kommen, und dann kam ihm wohl in einem emotionalen Moment die Vergebung unbewusst über die Lippen, weil er gedanklich schon bei seinen Gespielinnen im Himmelsbett war. Dann wäre die Vergebung ein Freudscher Versprecher und ich könnte damit leben. Aber wenn ich eines ganz sicher weiß: JESUS ist nach der Vergebung in meinem Ansehen schwer gesunken. - Was müssen aber dann die Schuldigen, die zunächst nur feige waren, für jämmerliche Kreaturen sein, die die Bedeutung der Vergebung noch nicht einmal begreifen und danach tatsächlich wieder in den Spiegel sehen und weiter Feiglinge bleiben und nicht merken, wie sie in die Rolle des Seelenlosen gedrängt werden und ihr Lächeln vom Grinsen aufgefressen wird? Statt alles wieder gutzumachen - und man kann immer alles wieder gutmachen und selbst wenn man es nur versucht -, laden sie dem armen JESUS doch tatsächlich ihre Schuld ab, indem sie die Vergebung wortlos annehmen. JESUS hat es irgendwie total versaut, aber er ist selbst Schuld. Die Vergebung war einfach unnötig. Die Entlasteten grinsen wie Honigkuchenpferde und schreiben dann auch noch ein Lied über diese wunderbare Möglichkeit, Mist zu bauen, und einem Halbtoten, der sich sowieso nicht mehr hochrappelt, den Mist noch hinterherwerfen zu können, um selbst davon befreit zu sein. Das macht mich wirklich fertig. Es ist sicher nützlich, aber ich frage mich, was schwerer wiegt, die ungnädige Vergebung, die den Schuldigen wie ein Hauch des Sensenmanns entgegenbläst oder die vergebliche Gnade, die solche Kreaturen ja doch nie wirklich heilen würde. Es ist einfach nur ein unmöglich verkorkstes Ende, bei dem keiner gewinnt, und ich wünschte, der Film würde anders enden.

Egal. Wir müssen uns heutzutage ja Gott sei Dank nicht mehr mit solchen Themen herumärgern. Jeder kann tun und lassen, was er will. Honigkuchenpferde werden nicht gezwungen, Actionfilme zu sehen, und RAMBO muss nicht zur Beichte. Da sich weder RAMBO noch die Kirche so richtig durchsetzen konnten, haben wir heute Gesetze. Gesetze, die Honigkuchenpferden Freiheit gewährt und RAMBOS die Freiheit nimmt. Und Leute wie JESUS hatten von Anfang an keine Chance. Er hatte damals noch keinen Schimmer von der trans-metagenialen Lösung, aber wie könnte er auch.

Die meisten denken übrigens bei solchen Filmen gar nicht daran, wo bei diesem ganzen Hin und Her eigentlich die Schuld bleibt. Sie ist ja nicht einfach weg, genauso wenig wie Energie einfach weg sein kann. Jede Form der Energie wird nur umgewandelt. Sie fragen sich jetzt wohl, wohin die Schuld geht, die auch durch eine ungnädige Vergebung nicht wirklich an JESUS haften bleiben kann. Schuld ist ja etwas Abstraktes und hat keine Haftkraft.

Tja - wohin geht die Schuld?

Ich weiß nicht, ob ich es Ihnen wirklich sagen soll. Es könnte Sie retten und ich will ganz sicher nicht den Vorwurf hören, Sie mit Absicht retten zu wollen. Ich werde die „Menschheit an sich“ retten, nicht Sie persönlich. Ich würde es Ihnen nur sagen, wenn Sie versprechen, es nicht anzunehmen. Versprechen Sie mir das? Versuchen Sie wirklich einmal, es nicht zu verwerten und Ihre Gedanken nicht davon beeinflussen zu lassen! Sehen Sie es sich einfach nur kurz an, denken Sie „aha“ und vergessen

Sie es bitte sofort wieder! Wenn Sie später in Ihrem Leben, in anderen Zeiten, selbst noch einmal darauf kommen, sollen Sie sich niemals daran erinnern, dass Sie es hier schon einmal gelesen haben. Es würde Sie umbringen. So lade ich mir keine Schuld auf, die ich nun wirklich nicht gebrauchen kann und Ihnen steht Ihre Zukunft unbeeinflusst offen.

Also gut. Ich sage Ihnen nun, wohin die Schuld geht. Ich mache es kurz und Sie tun bitte das, worum ich Sie gebeten habe! Kriege ich Ihr Ehrenwort?

Okay, Ihr Ehrenwort reicht mir:

> *Die Schuld kommt noch im gleichen Film über den Umweg der Eitelkeit und der aus Feigheit verdrängten Wahrnehmung zurück ins Fernsehen und geiselt von dort die ganze Menschheit. Die Schuld nimmt Ihnen auf diesem Weg Ihr gesamtes Schuldbewusstsein, wodurch sich immer mehr der mittlerweile virtuell kaum noch sichtbaren Schuld anstaut - es ist ein Teufelskreis -, bis sogar das feigste Honigkuchenpferd zu RAMBO wird, um seine Seele zu retten.*

Wie Sie sehen, geht ja alles noch einmal gut aus und die Menschheit kann letztendlich nicht verlieren. Die Seele wird am Ende immer gerettet. Egal wie.

Aber jetzt schnell das Thema wechseln. Sie haben mir ja Ihr Ehrenwort gegeben und ich möchte es Ihnen nicht so schwer machen. Nicht, dass Sie es womöglich - ganz in Gedanken - brechen.

Ach Gott, wir sind ja schon durch. Na, dann kommen wir also zum Schluss oder zu den Seiten, jenseits derer sich die Rettung offenbart.

Die Auflösung

EINIGE von Ihnen haben wahrscheinlich mittlerweile tatsächlich geglaubt, dass dieses Buch keinen richtigen Zweck verfolgt. Kein Problem. Der Glaube versetzt sogar Berge, also ist es in jedem Fall gut, dass Sie glauben können. Und jetzt seien Sie nicht enttäuscht. Ich hätte Ihnen auch gerne etwas anderes erzählt. Aber dieses Buch ist nun einmal eine Lüge. Was soll ich tun? Soll ich im Abschlusskapitel auch noch lügen, damit alles wie Wahrheit aussieht? Nichts in diesem Buch ist wirklich wahr, das meiste mit voller Absicht so und nicht anders geschrieben und es verfolgt sehr wohl einen klar ersichtlichen Zweck. Ich will nun also ganz ehrlich sein und Ihnen gestehen, welchen Zweck nämlich dieses Buch verfolgt. Ich finde, dass ich Ihnen diese Auflösung irgendwie schuldig bin und ich komme auch gut ohne Schuld zurecht. Alternativ zur Variante im letzten Kapitel kann das mit der Schuld nämlich für die gesamte Menschheit stets positive, für den Einzelnen auch schon einmal dramatische Folgen haben und innere Kinderspielplätze in Friedhöfe verwandeln. Damit will ich nichts zu tun haben und nenne Ihnen deshalb lieber den ultimativen Zweck.

Ich habe dieses Buch geschrieben, um mich ordnungsgemäß in die Reihe KAFKA, HEMINGWAY und SARTRE einzugliedern und damit unsterblich für immer in die Geschichte der menschlichen Phantasie-Evolution einzugehen. Es war nie mein Ziel, aber es ist der Zweck. Er war einfach so da und es ist nicht der schlechteste. Aus Sicherheitsgründen werde ich demnächst, wenn das Preis-Leistungsverhältnis stimmt, mit irgendeiner Eizelle eventuell ein Lebewesen erzeugen - natürlich nur, wenn Sie nichts dagegen haben - und so auch meiner biologischen Unsterblichkeit Vorschub leisten. Damit wären also Geist und Gene im Trocknen. Falls Sie der Meinung sind, es gäbe bei mir einige Gene, die ich lieber weglassen sollte, können Sie mir entsprechende Notiz zukommen lassen. Ich werde die Anfragen sortieren und darüber nachdenken, einige der unbeliebtesten eventuell wegzulassen. Es bringt ja nichts, wenn sie nicht gewünscht sind. Tja, und meine Seele wird zunächst mit variantenreichem Sexualleben und verschiedenen Puddingsorten versorgt und bei meinem Tod mit mir untergehen. Ich habe nämlich nicht vor, sie aufsteigen oder womöglich mit dem grellen Licht verschmelzen zu lassen, eine perverse Vorstellung, die mir nun wirklich so gar nicht gefällt. Ich habe schon als Siebenjähriger lieber im Dunkeln

Zähne geputzt. So darf es also nicht kommen und dann wird es auch nicht so kommen. Und deshalb habe ich meine Seele während einer Wandfleck-Meditation umprogrammiert, so dass sie bei meinem Tod mitstirbt. Man kann das machen, wenn man weiß wie. Und ich habe zusätzlich einen Deal mit Gott. Nicht den Gott, an den Sie jetzt denken, sondern den aus der Schnittmenge. Wenn er irgendwelche Faxen macht und mir womöglich wieder harmlos aussehende Märchenfiguren in den Weg stellt, werde ich über seine Seele lachen, und dann soll er selbst sehen, wer für ihn die Menschheit rettet. Wenn ihn das dann noch interessiert. Er braucht mich und das weiß er. Wenn er versagt, ist er selbst Schuld. Meine Karten waren nie so gut gemischt und ich kann gar nicht verlieren. Er schon. Hiermit ist meine vollständige Selbstverwirklichung abgeschlossen und ich kann ab jetzt machen, was ich will, und z.B. mal ein sinnvolles oder sogar nützliches Buch schreiben oder was auch immer.

Wenn sich also jetzt jemand fragt, ob es das jetzt endlich gewesen ist, kann ich nur vehement widersprechen: Nein, das war es keineswegs! Man kann das Buch noch einmal lesen und immer wieder. Da es nach dieser Aufklärung der Wahrheit offensichtlich doch einen Zweck hat, liest man es beim zweiten Mal mit ganz anderen Augen, entdeckt neue Wahrheiten und beim dritten Mal fragt man sich möglicherweise, ob dieses Kapitel und der vermeintliche Zweck nicht doch die eigentliche Lüge ist und eigentlich... na ja... usw. - Sie können natürlich stattdessen auch Harry Potter lesen. Die Entscheidung liegt da ganz bei Ihnen bzw. Ihrer ganz persönlich erlebten schicksalsbedingten Willensvergewaltigung. Von den Potters gibt es immer wieder neue Fassungen, so dass, wenn sie alle Bände Jahr für Jahr lesen, für Sie die Zeiten vorüberzugehen scheinen. Das ist eine angenehme Sache, und ich überlege mir, ob ich das nicht auch mal tue. Ich habe zwar weitaus weniger Bedarf, aber Zeiten, die nie mehr vorübergehen, sind auch nicht mehr das, was sie einmal waren.

Sie können das Buch auch noch aus einem anderen Grund immer und immer wieder lesen. Wenn es Ihnen nach Erfolg dürstet und die Welt da draußen keinen mehr hergibt. Man muss sich ja heute schon ganz schön krumm legen für ein Quentchen Erfolg. Bestimmt erinnern Sie sich aber an das legendäre erste Kapitel, in dem ich Sie mit Erfolg krönen wollte, wenn Sie bis zu Ende lesen würden. Und Sie haben offensichtlich das Richtige getan und ihn sich wirklich verdient. Und deswegen kröne ich Sie nun damit.

Sie waren so erfolgreich wie noch nie zuvor. Wirklich.
Herzlichen Glückwunsch!

Denken Sie nur daran, welche Mühe Sie gehabt hätten, mit anderen Dingen ebenso erfolgreich zu sein! Ich meine, wirklich erfolgreich. Statt also andere Bücher zu lesen, die Sie nur vom Erfolgreich werden abhalten, oder statt sich da draußen in der Welt für Erfolg abzurackern, welcher Sie wegen der Energiebilanzproblematik sowieso nicht heilen kann, können Sie mit Leichtigkeit viel mehr für sich tun. Gehen Sie einfach zurück zum ersten Kapitel, lesen Sie alles noch einmal und werden Sie so erfolgreich, wie sie wollen, und zwar mit positiver Energiebilanz. Meines Wissens wäre das übrigens die einzige Methode für fast kostenlosen Erfolg und das erste Mal in der Geschichte der Menschheit, dass ein Perpetuum Mobile die Menschheit retten kann. Jedenfalls, wenn sich die Menschheit nicht aus blöder Sturheit weigert. Ich könnte mich jetzt schon wieder aufregen, wenn ich daran denke, wie viele Sturköpfe hier schon wieder skeptisch geworden sind und lieber nichts damit zu tun haben wollen. Alles Angsthasen und Besserwisser.

Falls auch Sie dazu gehören, bitte nicht ärgern, ich nehme gerne alles zurück und behaupte das Gegenteil. Wir wollen ja hier am Ende keinen Unfrieden stiften und lästige Diskussionen entfachen. Was jetzt jeder Einzelne von Ihnen genau denkt, ist mir natürlicherweise ganz egal. Wenn es anders wäre, würde das Buch ja überhaupt keinen Sinn mehr machen. Stellen Sie sich doch nur vor, ich müsste mich mit Ihrer Meinung auch noch beschäftigen. Mein Gott. Dann wäre mein Leben aber wirklich kompliziert. Fühlen Sie sich bitte bloß nicht verpflichtet! Ich biete Ihnen ja nur etwas ohne Gegenleistung an. Damit ich keine Schuld erzeuge, muss es etwas sein, das Sie nicht bewerten und daraufhin möglicherweise für „gut“ befinden und wofür Sie so etwas wie Dankbarkeit empfinden müssten. Auch Ihre persönliche Rettung hat nichts mit mir zu tun, wie Sie jenseits dieser Seite selbst sehen werden. Außer dem Geld, das Sie für das „Buch an sich" bezahlt haben, das Sie mit oder ohne Inhalt gleichviel gekostet hätte, besteht keinerlei weitere Verpflichtung gegenüber mir. Und das tue ich nur aus Liebe. Wenn Sie nicht wollen, bitte. Selbst Schuld. Kommen Sie mir aber hinterher dann nicht irgendwann an, von wegen „Ah Mist, hätte ich doch..." - Das kann keiner leiden. Entweder gleich ein bisschen Mut und Vertrauen oder für immer die falschen Karten in der Hand. Und denken Sie daran. Es gibt Zeiten, die nie mehr vorübergehen, auch nicht für Mogler, die eigentlich nur feige sind. Die Zeiten sind gnadenlos und sie hassen Feiglinge.

> *Manchmal passieren Dinge, die keiner wollen kann, und sie ändern alles für immer. Aber die Engel pfeifen darauf und fliegen einfach immer höher hinauf, bis die Dinge resignieren.*

Zur guten Letzt noch etwas Erfreuliches. Das mit der schicksalsbedingten Willensvergewaltigung war keine Lüge. Jetzt einmal ganz ehrlich. Das war wirklich keine. Glauben Sie mir das? Ich kann mir vorstellen, dass Sie möglicherweise verwirrt sind und nicht so genau wissen, geschweige denn glauben zu wissen... aber bitte, glauben Sie mir doch wenigstens das...

Patrik Scholler wurde 1968 in Bad Vilbel/Hessen geboren. Er promovierte am Deutschen Krebsforschungszentrum in Heidelberg und arbeitet heute im Management eines Biotechnologie-Unternehmens.

In seinem ironischen Essay beschreibt er, wie man auch in der heutigen Zeit sein Leben erfolgreich meistern kann.